Erik Neutsch

CLAUS UND CLAUDIA

Nach neueren Dokumenten

Mitteldeutscher Verlag
Halle · Leipzig

ISBN 3-354-00517-3

Lizenz-Nr. 444-300/12/89 · 7001
Printed in the German Democratic Republic
Gesamtausstattung: Klaus Nitsch
Gesamtherstellung: Karl-Marx-Werk Pößneck V15/30
Best.-Nr. 639 478 9

00700

Der Mann, um dessen Schicksal es hier geht, um seines und das seiner Tochter, Claus Salzbach mit Namen, lebte seit Jahren im Ausland. Er stand im diplomatischen Dienst und war zuletzt im Auftrage der Regierung am Sitz der Unesco in Paris tätig.

Alle Leute, sowohl seine Vorgesetzten als auch jene, die sonst mit ihm zu tun hatten, kannten ihn als einen bescheidenen, verläßlichen, jederzeit seine Aufgaben gewissenhaft erfüllenden Menschen. So hatte er international die Republik stets würdig vertreten und ihr Ansehen durch sein entschlossenes und aufrichtiges Verhalten in aller Augen gestärkt. Dafür war ihm auch schon öffentliche Anerkennung zuteil geworden, verbunden mit Auszeichnungen und Orden.

Eines Tages aber, im vorletzten Herbst erst, ging ein heiliger Zorn mit ihm durch, und zwar von solcher Gewalt, daß er mit einem Schlag alle ihm auferlegten Konventionen mißachtete und zum Selbsthelfer wurde. Unerklärlich blieb lange, warum es ausgerechnet ihn, die Bedächtigkeit in Person, zu einem solchen Ausbruch der Gefühle hatte treiben können, und so soll auch hier nach den Gründen gefragt werden, wie es dazu kam.

Er selbst war nach allem nicht mehr bereit, Auskunft zu geben, doch ein Bündel von zahlreichen Dokumenten, Aktennotizen und Protokollen gewährt genügend Einblick, um die Geschichte zu rekonstruieren.

Er ging mit Claudia durch den Park. Der Altweibersommer spann seine Fäden, und hier und dort färbte sich das Laub der hohen Birken und Buchen bereits gelb, rot und samtig braun. Auf dem See schwammen schwarze Schwäne.

Claudia aber, merkte er, wandelte im Augenblick neben ihm her wie geistesabwesend. Sie gewahrte das alles nicht, das Feuer im Blattwerk von Bäumen und Büschen, die Schwäne, auch den strahlend blauen Himmel nicht. Sie klammerte sich an seinen Arm und wiederholte des öfteren, mit zittriger und doch tonloser Stimme, die Sätze: »Ach, Vati, Vati, weißt du ... Wie gut, daß du gekommen bist. Sie wollen mich fertigmachen ...«

So hatte er sie nicht in Erinnerung, sie, wie er stets geglaubt hatte, mit der fröhlichen, unbefangenen Art, sich dem Leben zu stellen, vergleichbar in dieser Hinsicht, diesem Charakterzug nur noch mit ihrer Mutter. Martina, dachte er mit einem Mal, das Bild seiner Frau vor Augen, als er seine Tochter prüfend von der Seite betrachtete, warum mußtest du von mir gehen, mich allein lassen, jetzt, wo ich deine Hilfe vielleicht am meisten gebrauchen könnte.

Sie war hübsch. Das hatte er jedesmal mit einem gewissen väterlichen Stolz konstatiert, wenn er Claudia ins Gesicht sah. Ihr dichtes und dunkles Haar fiel bis auf die Schultern. Ihre schön geschnittenen Züge in dem Oval, die Lippen, die Stirn, die klaren Augen – auch das erinnerte ihn an Martina. Doch sobald sie ihn jetzt anschaute, sprach aus ihrem Blick, ihren graugrün umrahmten Pupillen längst nicht mehr jene unschuldsvolle, fast schon naive Offenheit von einst, sondern eher eine tiefe, verzweifelte Traurigkeit.

Was bloß konnte er dagegen tun? Nein, sie war es nicht mehr. Claudia, das Ebenbild ihrer Mutter. Blaß wirkte sie jetzt, ihre Schlankheit zerbrechlich. Es überkam ihn, sie fest in die Arme zu nehmen, an seine Brust zu pressen und sie seine Wärme spüren zu lassen wie früher als Kind. Am schwersten wohl fiel ihm, sich damit abfinden zu müssen, daß sie nun selbst eine Frau war mit ihren zweiundzwanzig Jahren und einem bitteren Leben schon hinter sich.

Nervenzusammenbruch – so lautete die Diagnose. Deshalb war sie in die Klinik für Neurologie der Universität in W. eingeliefert worden.

Claus Salzbach hatte vor einer Stunde erst mit dem Arzt gesprochen, der sie behandelte.

»Wie gut, daß Sie sich haben frei machen können ...« Worte, wie er sie ähnlich nun auch von Claudia hörte. »Ihre Tochter ist ein sehr bewußt lebender Mensch. Um so rätselhafter erscheint es mir, warum sie zu den Tabletten griff. Nein, nein, nur ein angedrohter Suizid war es nicht, eher freilich ein Versuch im Affekt. Als künftige Hebamme aber wußte sie um die Folgen. Danken Sie daher Gott oder wem sonst, daß ihre Großeltern sofort die Schnelle medizinische Hilfe alarmierten. Wir pumpten ihr den Magen aus. Aber damit ist ja nicht ihr Konflikt, den sie unbestreitbar mit sich herumschleppt, aus dem Blut. Herr Salzbach ... Wenn ich Sie bitten darf ... Nach Ihrem Spaziergang im Park. Melden Sie sich noch einmal bei mir. Vielleicht erhalten wir dadurch tiefere Aufschlüsse. Prüfungsangst? Die Enttäuschung, in zwei Fächern letztens nur mit einer Vier bestanden zu haben? Das allein kann es doch wohl nicht sein. Nicht bei einer solch intelligenten jungen Frau ...«

Fast auf den Tag genau zwölf Monate hatte er sie nicht mehr gesehen. Denn nur einmal im Jahr wurde ihm Urlaub gewährt, den er dann stets dazu nutzte, nach Haus zu reisen, in die Republik. In Vietnam und Ägypten hatten sie Claudia noch ständig bei sich gehabt. Sobald jedoch die Kinder von Diplomaten das vierzehnte Lebensjahr erreicht hatten, so wollten es die unerbittlichen Vorschriften, war es ihnen für gewisse Länder nicht mehr gestattet, ihre Eltern dorthin zu begleiten. Claudia hatte eine Internatsschule besucht, in der sie aber unter der Trennung von Mutter und Vater so sehr litt, daß sie in ihr nicht leben konnte. Martinas Eltern nahmen sich ihrer an. Sie zog zu ihnen, und auch jetzt, nach ihrer Scheidung und trotz eigener Wohnung, quartierte sie sich oft bei ihnen ein, zumal sie fortan ihren Sohn betreuten, um ihr das Praktikum mit dem unregelmäßigen Schichtdienst zu erleichtern. Vor fünf Jahren zum letzten Mal hatten er und seine Frau wenigstens noch mit ihr, da sie erst siebzehn war, somit nicht volljährig, den Urlaub gemeinsam in Frankreich verbringen dürfen. Er entsann sich deutlich. In Honfleur am Kanal, in dem kleinen Restaurant in der unmittelbaren Nähe der uralten Holzkirche, beim Essen der Fruits de la mer und beim Wein, da hatte sie ihnen gestanden, daß sie verliebt sei und bald heiraten möchte.

»Sie wollen mich fertigmachen ...«, sagte sie jetzt. Mit dieser Behauptung verband sie zugleich unglaubliche Geschichten, Erlebnisse jedenfalls, die Claus nicht für möglich hielt, zumindest für übertrieben ihrerseits. Frau Baumholder, erzählte sie, die Leiterin der Abteilung Hebammenausbildung an der Medizinischen Fachschule, die der Universität in W. angeschlossen ist, Parteimitglied obendrein wie sie, habe es besonders auf sie abgesehen, betrachte jede Regung, jede Äußerung von ihr wie unter der Lupe und scheine nur auf einen Fehler von ihr zu warten.

»Vati, ich hab Angst vor ihr. Nachts schrecke ich aus dem Schlaf, weil sie mich bis in meine Träume verfolgt.«

Von Anfang an, schon bei der Nachricht, daß sie einen Nervenzusammenbruch erlitten habe, hatte er gedacht: Sie ist zu weich, zu sensibel. Die normalsten Dinge des Lebens, wie sie überall und zu jeder Zeit auftauchen können, für andere Lappalien, ihr jedoch machen sie zu schaffen. Wir haben sie verwöhnt, besonders Martina, haben sie nicht genug darauf vorbereitet. Sie war unsere Einzige, und für mich ist sie es noch. Trotzdem, hatte er gedacht, jagt sie doch in den

Kreißsaal, so lange und so gründlich, bis sie endlich hart geworden ist, vor Härten nicht mehr kapituliert. Der Beruf einer Hebamme verträgt sich nun einmal nicht mit Zimperlichkeit ...

Wieder spürte er, daß sie sich fester an ihn hängte und mit beiden Händen seinen Arm umkrampfte. Tränen traten ihr ins Gesicht, sie schluchzte. Sie lehnte ihren Kopf an seine Schulter, und er blickte, ein wenig ratlos jetzt und betroffen, auf ihren streng gezogenen Scheitel.

Auf dem Kiesweg flog taumelnd ein Falter vor ihnen her, braunrot, mit blauen Flecken auf den Flügeln, ein Pfauenauge. Schließlich setzte er sich auf eine Blüte und schien daran zu saugen. Sie blieb stehen und betrachtete ihn. »Weißt du«, fragte sie, »daß Schmetterlinge in der Lage sind, über Kilometer weit am Duft ihre Partner aufzuspüren?«

Nein, er hörte davon zum erstenmal.

»Wie selbstverständlich doch alles ist. In der Welt dieser kleinen Tiere. Rein vom Instinkt programmiert und völlig problemlos. Dagegen bei uns, bei den Menschen. Soviel Neid, soviel Mißgunst, Verachtung gegenseitig bis zum Zynismus oft ... Und so wenig Liebe.«

Doch sie lächelte wieder, lachte plötzlich sogar auf.

Warum, verstand er nicht, und vielleicht hätte er ihr antworten sollen, daß sie sich da in etwas verrenne. Er sehe es täglich, werde dauernd damit konfrontiert, während seiner Arbeit in der Unesco. Es gibt einen Unterschied, und zwar einen gewaltigen, im Zusammenleben der Menschen hier und anderswo. Der hänge ab von der jeweiligen Gesellschaftsordnung, in der sich die einen und die anderen befinden. In Afrika geht es noch immer um die nackte Existenz, ums Sattessen oder Verhungern. In Nikaragua darum, ob die Revolution siegt, ob es gelingt oder nicht, das Volk von den Fesseln der sozialen und nationalen Unterdrückung zu befreien.

Aber er unterließ es, angesichts ihres Zustandes. Er war schon froh, daß sie diesmal wieder lächelte.

Manches von dem, worüber sie klagte, kannte er bereits aus ihren Briefen, jedenfalls andeutungsweise.

»Hatte ich dir eigentlich schon geschrieben, wie Evi, eine meiner Kommilitoninnen, im Kreißsaal Prügel bezog?«

»Eine Ohrfeige«, wiegelte er ab, »das ja.«

»Immerhin ... Von einer Hebamme, die nicht viel älter ist als sie. Evi ist zwanzig. Und lediglich deshalb, weil sie beim Aufziehen einer Spritze, aus Versehen oder vor Erregung, die Kanüle fallen ließ. Ich habe es zur Sprache gebracht. In unserer Seminargruppe, in der Parteiversammlung. Das ist doch wie in einer Nazischule, sagte ich, die Prügelstrafe, und weit entfernt von sozialistischen Verhaltensweisen. Nichts geschah, nichts. Eine Lappalie sei es ... Und weißt du, daß ich mich auch für Marion einsetzte, als gewiß war, daß sie schwanger ist? Damit sie, wozu das Gesetz jede Studieneinrichtung verpflichtet, einen

Fördervertrag erhält. Ich tat es, obwohl ich bis heute selber keinen besitze. Obwohl auch ich alleinstehend bin und Mutter ... Die Baumholder erklärte, der Abschluß von Förderverträgen mit Studentinnen sei eine Kann-Bestimmung, liege allein im Ermessen der jeweiligen Leitung. Doch das ist eine Lüge. Und was überhaupt gibt es denn für Gründe, einer Mutter beim Studium *nicht* zu helfen!«

Er schwieg auch dazu. Er kannte sich in diesen Angelegenheiten nicht aus. Nach einer Weile jedoch, nachdem er sich noch mehrere ähnliche Vorfälle hatte schildern lassen müssen, kam er darauf zurück und sagte: »Menschenskind, Claudia. Irgend jemand aber muß doch vorhanden sein, der dir zuhört. Die Parteileitung der Universität zum Beispiel.«

Sie lachte erneut. Doch es klang anders als zuvor. Für Claus hatte ihr Lachen diesmal einen hysterischen Unterton.

»Du glaubst mir nicht. Ich fühle es. Ach, Vati, Vati ... Ich war damit beim Parteisekretär des Medizinischen Bereichs. Er nahm es zur Kenntnis, mit gelangweilter Miene. Das ist alles. Und hintenherum, von einer Dozentin, ebenfalls Genossin, die inzwischen kündigte, erfuhr ich, wie er anschließend über mich urteilte. Er hält mich für spitzfindig, aufsässig, gar hysterisch. Die Kinder von Prominenten – womit offensichtlich auch du gemeint bist –, diese verwöhnten Dinger, müßten während des Studiums besonders hart angepackt werden.«

Claus Salzbach erschrak. Wenn das stimmte, waren es dann nicht dieselben Worte, die soeben auch er in seinen Gedanken benutzt hatte? *Hart* machen und *Lappalien, verwöhnt, hysterisch* . . .

»Ja, und seitdem«, fuhr sie fort, »seit ich nicht mucksmäuschenstill bin, sondern kritisch meine Meinung sage, den Mund nicht halte, wenn mir etwas nicht paßt, nicht den Duckmäuser spiele, den Heuchler, wozu ihr beide mich, du und Mutti, stets ermutigt habt – seitdem, spätestens seitdem behandeln sie mich wie einen Feind. Ich muß Spießruten laufen.«

Mehrmals versuchte er, sie von ihrem Thema abzulenken. Doch es gelang ihm nicht. Claudia war darin so sehr verstrickt, daß sie offenbar nichts anderes mehr denken konnte, es alles andere in ihr überwucherte.

Darüber berichtete er auch dem Arzt.

»Sie hat das Vertrauen verloren«, sagte er. »Das Vertrauen zu den Menschen, mit denen sie zu tun hat, selbst zur Partei, deren Mitglied sie gerade wurde, und vielleicht schlimmer noch: zu unserer Gesellschaft insgesamt.«

Noch schwebte ihm das Bild vor Augen, das sich ihm geboten hatte, als sie voneinander Abschied nahmen. Sie umklammerte seinen Hals. Ihr Körper bebte. Und sie weinte und bettelte: »Komm bald wieder, Vati, komm bald wieder. Laß mich nicht allein.«

Obwohl es nur hingehaucht war, in ihm hallte es nach wie ein Schrei.

Alle Post, die er privat von daheim erhielt, lief über das Außenministerium an ihn nach Paris, und so war ihm von dort auch die Nachricht von Claudias plötzlicher Erkrankung mitgeteilt worden. Das Telefonat erreichte ihn im Hauptquartier der Unesco, jener Organisation der Vereinten Nationen, die sich um die Zusammenarbeit der Völker auf den Gebieten der Erziehung, Wissenschaft und Kultur bemüht.

Er war soeben aus dem Japanischen Garten im Hof des ypsilonförmigen Gebäudes, wo er sich nach einem hastigen Mittagessen noch ein wenig die Füße vertreten hatte, in sein Büro gekommen, als schon der Apparat schrillte. Die Zentrale in Berlin meldete sich. Er wurde weiterverbunden.

Nein, obwohl man ihm nicht hatte sagen können, wie es um Claudia beschaffen und von welch genauer Ursache ihre Krankheit war, klang die Nachricht nicht gut. Seine Tochter, hieß es, sei mit den Nerven zusammengerutscht, und er solle auf schnellstem Wege einen Flug buchen und in die Heimat zurückkehren.

Danach holte er sich sofort die Erlaubnis ein, seinen Jahresurlaub, der ohnehin bevorstand, um eine Woche vorverlegen zu dürfen, ließ sich von der Place de Fontenoy nach Boulogne fahren, wo er, wie viele hier ansässige Bürger der Republik, in einem Hochhaus nahe dem Park eine Dreiraumwohnung zur Miete besaß, und begann eilends seine Koffer zu packen.

Die Ungewißheit plagte ihn am meisten, und

seine Erregung steigerte sich von Stunde zu Stunde, so daß er vorerst sogar vergaß, was er noch unbedingt vor dem ursprünglich geplanten Antritt seines Urlaubs, in der letzten Woche seines hiesigen Aufenthalts, hatte erledigen wollen. Claus Salzbach, Doktor sowohl der Philosophie als auch der Pädagogik, galt, da er zugleich mehrere Sprachen beherrschte, fließend französisch, englisch und spanisch sprach, als Experte in der Bekämpfung des Analphabetentums in den unterentwickelten Ländern, besonders Afrikas und Lateinamerikas. Hierin vor allem hatte er sich seine Verdienste erworben. Sozusagen in zweiter Mission war er aber auch dazu befugt, die Interessen der Republik in der Informationspolitik zu wahren, und gerade was sie betraf, schien sich mal wieder der Streit zwischen den reichen und den armen Nationen zuzuspitzen. Obwohl es seit Jahren eine für alle Mitglieder der Unesco verbindliche Regelung gab, in Form einer von ihnen feierlich unterzeichneten Deklaration, versuchten die Vertreter der kapitalistischen Staatengruppe, sie erneut zu hintergehen und sich des Nachrichtenmonopols für ihre Agenturen und Massenmedien zu bemächtigen. Er hatte darüber genügend Beweise gesammelt, hatte das Material in seinem Schreibtisch zu liegen und brauchte es nur noch zu ordnen, bevor er es dem zuständigen Sekretär für Kommunikation, zur Zeit einem Senegalesen, überreichte. Doch nun mußte er darauf verzichten, konnte er seinen Bericht erst nach seiner Rückkehr verfassen. Er bedauerte es, als er sich dessen besann. Aber Claudia, seine Sorge um Claudia gestattete ihm nichts anderes.

Nach dem tragischen Tod seiner Frau bedeutete Claudia ihm alles. Nicht nur einmal hatte er ihretwegen bereits überlegt, ob er nicht seinen Dienst im Ausland quittieren, um seine Abberufung bitten sollte. Das Kind braucht mich jetzt, dachte er, dringender als je zuvor. Und seit dem Mittag: Was ist geschehen, mein Liebes, mein alles?

Er gönnte sich keine Pause, räumte auf und suchte immer wieder die Wohnung ab, öffnete zum wiederholten Male Schränke und Schubfächer, um zu überprüfen, ob er auch nichts übersehen habe, was er einpacken wollte. Ein paar Geschenke für Claudia hatte er schon in den Tagen zuvor gekauft, in Supermärkten, wo die Preise weit erschwinglicher waren als in den glanzvollen Geschäftsstraßen der Stadt zwischen dem Palais-Royal und der Oper. Zwischendurch erhielt er von der Botschaft die Bestätigung, daß sein Flug gesichert sei, er in aller Frühe mit einer Maschine starten könne, und der Fahrer, der ihn nach Orly bringen werde, das Ticket bei sich habe. Über Amsterdam, wie üblich, wußte er, würde er fliegen und in Berlin-Schönefeld landen. Von dort könnte er mit dem nächsten Zug bereits am Nachmittag in W. sein. Oh, wie lang, wie unheimlich lang wurde ihm jetzt das Warten. Zäh, als würde in jedem Moment ihr Mechanismus versagen, bewegten sich die Zeiger der Uhren, und blickte er von einer zur anderen, schien es noch immer nicht später geworden zu sein.

In letzter Zeit hatten ihn zunehmend bereits Claudias Briefe in Unruhe versetzt. Doch da hatte er nicht im entferntesten schon ahnen können, daß sie sogar zu Tabletten greifen würde, um aus dem Leben zu scheiden.

Aus dem Leben ... Seine Claudia! Der Gedanke daran ließ ihn später erstarren.

Aber hatte er selber denn, er als ihr Vater, ihre Klagen und mehr, ihre Verbitterung, ihre Verzweiflung, wie zwischen den Zeilen zu lesen, ernst genommen? Hatte er nicht statt dessen gedacht: Du bist zu sensibel, mein Mädchen, eine Portion Härte täte dir not, Stehvermögen, Widerstandskraft ...

Claus Salzbach vertrat die Republik seit zwanzig Jahren im Ausland. Seine erste Station hieß Ägypten, sein Einsatz dort war unmittelbar nach dem Überfall der Israelis, dem unseligen Sechs-Tage-Krieg, erfolgt. In Vietnam hatte er als Kulturattaché gearbeitet, zur selben Zeit, in der die Offensive begann, die beiden Armeen, aus dem Norden und dem Süden, sich vereinigten und in einer großangelegten militärischen Operation die Entscheidung erzwangen, indem sie in nur wenigen Wochen bis Saigon vorstießen und das Land von der amerikanischen Fremdherrschaft befreiten. Seither aber auch, seit zwanzig Jahren, hatte er die Republik nur noch im Urlaub erlebt, zumeist sogar an gedeckten Tischen in Ferienheimen. Er fragte sich, ob er die Verhältnisse in ihr noch kannte, so gründlich jedenfalls, wie es nur jene vermochten, die täglich davon betroffen waren, sie am eigenen Leibe zu spüren bekamen, mitten in ihnen steckten. Welche Veränderungen hatten sich da vollzogen und welche nicht? Wohin trieb sie, die Republik ... Aus den Zeitungen allein konnte er sich wohl kaum ein Bild von ihr machen, am wenigsten davon, wie die Menschen in ihr miteinander umgingen. Also: War seine Sicht auf sie denn noch realistisch, aus der Ferne, von Kairo, Hanoi und jetzt von Paris aus?

Claudia, hatte er soeben erfahren, litt unter einem Nervenschock. Warum, weshalb? Waren wirklich die Umstände daran schuld, die sie ihm in ihren Briefen geschildert hatte? Oder lag es nicht doch an ihrer labilen Konstitution, die, wie er bisher geglaubt, immer dann versagte, wenn sie die Wirklichkeit nicht mit ihren Idealen in Übereinklang zu bringen vermochte?

Bei diesen bohrenden Fragen neigte der Abend sich seinem Ende zu. Die Nacht überfiel ihn mit tausend häßlichen, gespenstischen Gesichtern, Dämonen, die ihn das Ärgste befürchten ließen. Er versuchte zu schlafen, wenigstens auszuspannen von seinen Vorstellungen, die ihn unentwegt quälten. Doch er blieb wach, tat kein Auge zu.

Nein, es hatte keinen Sinn. Zu sehr weilte er mit seinen Gedanken bereits in W., bei ihr, beklemmte ihn die Angst um sie. Er kleidete sich an, reisefertig, nachdem er noch einmal geduscht und sich rasiert hatte, und trat auf den Balkon hinaus.

Paris breitete sich noch lichterhell vor ihm aus. Sein Blick schweifte über das 16. Arrondissement, hinter dem sich, von Scheinwerfern angestrahlt, bronzefarben und steil den Himmel teilend, der Eiffelturm erhob, in dessen Umfeld sich auch, was jedoch nur zu ahnen war, das Unesco-Gebäude befand. Sonst genoß er stets diese Aussicht, empfand die Lage seiner Wohnung in solch luftiger Höhe als Glücksfall, doch diesmal wollte ihm auch das nicht gelingen. Es war eher ein Starren in die Dunkelheit, ins Leere, dem er sich hingab. Paris, das unvergleichliche, mit seinem Lärm auf den Plätzen und Boulevards, den Champs-Elysées etwa von der Place de la Concorde bis zum Arc de Triomph, aber auch mit seiner plötzlichen Stille seitab vom dichtesten Trubel, in den engen, gassenähnlichen Straßen voller Cafés, Brasseries und von Marquisen beschatteten Restaurants, am Montmartre wie in St.-Germain-des-Prés, im Quartier latin – in diesem Moment jedoch wurde die Stadt ihm zur Last, zur Fessel. Sie band ihn fest, und er wollte doch zu Claudia fliegen.

Er entsann sich ihres letzten Briefes und eilte zurück ins Zimmer. Dort bewahrte er ihn noch, auf seinem Schreibtisch, zur Hälfte beschwert von dem metallenen Ständer, der unter Glas ihr Foto trug, aufgenommen vor Sacré-Cœur, sie und Martina Arm in Arm.

Der Brief war vom elften September datiert.

». . . doch bitte, laß Dich nicht davon beunruhigen. Zeitweilig, wohl in Auswirkung der Prüfungen, hatte ich zwar einen zu hohen Blutdruck (ich konnte ihn ja selbst an mir kontrollieren), aber auch der Arzt hat ihn nun wieder als völlig normal bezeichnet, 120 : 75. Frau Baumholder jedoch, wegen der paar Tage, die ich krank gemeldet war, machte nachträglich eine Staatsaktion daraus. Moralpredigt, schlimmer, Drohungen. Mein angeblich krankhafter Blutdruck sei ein Zeichen dafür, daß ich den Pflichten einer Hebamme körperlich kaum gewachsen sei. Und überhaupt, von meinen Eltern sei es unverantwortlich (und daß Mutti gestorben ist, darüber kein Wort), mich allein hier im Lande zu lassen. Sie wolle Euch (Dir natürlich) umgehend schreiben und Dich auffordern, entweder in die Republik zurückzukehren und Dich um mich zu kümmern, oder ich müßte mein Studium abbrechen. Keine weitere Begründung, Vati, bitte, glaub mir, keine einzige. Ich könnte die Tante vergiften . . .«

Das kann doch nicht wahr sein! hatte er beim ersten Lesen gedacht, und er dachte es jetzt erneut. Ich muß mit dieser Leiterin sprechen, sobald ich in W. bin. Es muß doch möglich sein, eine Verständigung zu erreichen, von Mensch zu Mensch, zwischen Kommunisten erst recht. Denn war sie nicht auch Genossin? Wenn Claudia nicht übertrieb, was aber sollte dann vor allem die Anmaßung, über ihn und seine außenpolitische Tätigkeit befinden zu wollen?

Endlich vernahm er die Glocke. Durch die

Sprechanlage bat er den Fahrer, heraufzukommen und ihm beim Tragen seines Gepäcks zu helfen.

Jetzt wirkte Paris wie ausgestorben. Die Straßen waren leergefegt. Nur ein paar Taxis begegneten ihnen, Müllautos und Kehrmaschinen, die von Männern dunkler Hautfarbe bedient wurden.

Um diese Zeit, dachte er, fünf Uhr morgens, zeigt die Stadt sich ohne Schminke.

Martinas Eltern wohnen in der Nähe von W., in einem Dorf namens Wellaune, vor einer nur dünnbesiedelten, waldreichen Heidelandschaft und schon tief in den Niederungen des Muldeflusses. Hier waren einst, an einem ebensolchen sonnenüberfluteten Herbsttag, dem Kaufmann Hans Kohlhase aus Cölln an der Spree, als er zur Leipziger Messe reisen wollte, auf Befehl des Junkers von Zaschwitz zwei Pferde aus seiner Koppel gestohlen worden, woraus sich ein langwieriger Rechtsstreit entwickelte, der schließlich damit endete, daß Kohlhase, nach Berlin gelockt, dort zum Tode verurteilt, aufs Rad geflochten und hingerichtet wurde.

Obgleich bereits vor rund vierhundertundfünfzig Jahren geschehen, erinnerte sich noch mancher in der Gegend dieser Historie, zumal sie ja auch ihren literarischen Niederschlag gefunden, und besonders Martina hatte ihm, Claus Salzbach, oft davon erzählt, ohne allen Ernst freilich, vielmehr stets in ihren aufgeräumtesten Stunden und mit den Worten: Ich will dich nur warnen, damit du siehst, was du dir mit mir an den Hals gebunden hast. Ich bin nämlich ein illegitimer Nachkomme von Kohlhases Räuberbrut, die hier gewütet, die Frauen vergewaltigt und einmal sogar W. an den Ecken aller vier Himmelsrichtungen in Brand gesteckt hat.

Die beiden Alten hatten den Tod ihrer so lebensfrohen Tochter längst noch nicht verwunden, und um so mehr hingen sie jetzt, vorgezogen all ihren anderen Enkelkindern, an Claudia.

Nun fragten sie ihn sofort nach ihrem Befinden, als Claus Salzbach, ihr Schwiegersohn, von der Klinik zurückkehrte. Er sah ihnen das ungeduldige, überaus bange Warten an und versuchte sie zu trösten: »Ach, es wird schon wieder werden. Es braucht nur ein wenig Zeit noch, damit sie sich festigt . . .«

Da er jedoch nie gut hatte lügen können, merkte man seinem Gesicht ebenfalls an, wie es um ihn innerlich bestellt war. Seine nach dem Spaziergang mit Claudia durch den Park immer noch anhaltende Betroffenheit war es, die ihn verriet. Er drehte die Augen weg und widmete sich fluchtartig seinem Enkel Jens, der, knapp drei Jahre alt, auf seinen Knien ritt und gewippt werden wollte.

»Nein, nein«, sagte die Mutter. »Ich spür's. Du machst uns nichts vor. Sie ist schwerkrank.«

Der Vater schniefte, würgte lange seinen Schmerz in sich hinein, ehe er schließlich knirschte: »Wenn ich mir das überlege . . . Daß ich dafür gekämpft hab . . . Daß unsere Kinder jetzt wieder leiden müssen wie in alten Zeiten, die Heuchelei regiert und die Herzlosigkeit, Bürokraten, Karrieristen den Ton angeben ... Wenn ich doch bloß noch jünger wär, mit dem Knüppel würde ich dazwischenschlagen. Hatten wir nicht mal 'ne Losung? Vom Ich zum Wir ... Das Gegenteil ist der Fall. Vom Wir zum Ich. *Das* ist uns gelungen. Nichts weiter. Jeder ist sich selbst der Nächste, nur darauf bedacht, für sein eigenes Wohl so viel wie möglich zusammenzuramschen. Auto und Datsche. Auch wenn er dabei den anderen auf die Füße treten muß. Sozialistische Überzeugung? Haha! Daß ich nicht lache. Mein Gott, unsere Ideale der Aufbaujahre ... Wo sind sie geblieben?«

Das war eine lange Rede, und bitterer, als Claus sie jemals von ihm gehört hatte. Aber durfte er sie denn unwidersprochen lassen?

Albert und Dora Dennewitz, er siebzig, sie vier Jahre jünger, Martinas Eltern, lebten in Rente, wobei beide sich nur schwer damit abfanden und noch immer nicht zur Ruhe setzen wollten. So half sie noch halbtags in der Küche der hiesigen Genossenschaft aus, während er erst vor kurzem, auf strikte Anweisung der Ärzte, allen Gelegenheitsarbeiten hatte abschwören müssen, denn er litt unter Rheumatismus. Seitdem hütete er Haus und Hof und den dahintergelegenen Garten, was ihn allerdings nicht befriedigte und wodurch er zuweilen ungenießbar wurde.

Als Claus ihn kennengelernt hatte, schon lange vor seiner Verlobung mit Martina, war Albert ein ungemein kräftiger Mann gewesen, Mitte Vierzig, Meister in den Keramischen Werken von H., einer Kreisstadt in der Nachbarschaft von W. Dort hatte er das Sagen gehabt, als einer der Aktivisten der ersten Stunde, der den Betrieb noch aus der Zeit der Konzernherrschaft kannte und ihn, nach achtjähriger Abwesenheit voller Elan zurückgekehrt von einer Antifa-Schule in sowjetischer Gefangenschaft, wieder aufbauen half. Schon als Bursche, kaum daß er die Lehre als Porzellanschleifer unmittelbar nach der Weltwirtschaftskrise begonnen, noch vor dem Machtantritt der Nazis, hatte er mit Mitgliedern des Kommunistischen Jugendverbandes sympathisiert, und diese Verbindungen waren es auch, die ihn später, erst recht nach den bitteren Erfahrungen des Krieges, seinen politischen Weg links gehen ließen. Dora, aus einer Kleinbauernfamilie stammend, hatte sich ihm in allem dann angeschlossen. Vier Kindern schenkte sie das Leben, drei Söhnen und, der jüngsten von allen, Martina.

Fang bloß nicht an, hatte Albert zu Salzbach gesagt, nachdem feststand, seine Tochter würde mit ihm zusammenbleiben, und er ihn akzeptierte, mich Papi oder gar, kommt es zum Nachwuchs, Opi zu nennen. Das wäre mir komisch, so wie ich noch gebaut bin. Außerdem, bis auf Dora, die sich nicht dazu aufraffen kann, sind wir hier alle in der Partei. Also, halt es wie meine Jungs. Denn ab heute gehörst du dazu . . . Seitdem redeten sie sich mit den Vornamen an.

»Albert«, erwiderte jetzt Claus, »wir haben

noch nie voreinander ein Blatt vor den Mund genommen ...« Trotzdem stockte er, setzte noch einmal ab, weil ihm die Krankheit seines Schwiegervaters, die ihn griesgrämig machte, einfiel und er ihn schonen wollte. »Ich finde, du bist ungerecht. Du kannst nicht dem Sozialismus allein die Schuld zuschieben. Wir leben in einer gespaltenen Welt. Ich weiß es, werde täglich damit konfrontiert. Und gerade wir haben einen Gegner vor unserer Tür zu sitzen, der uns ständig belauert, mit einem ungezügelten Wolfshunger, der äußerst gefährlich ist, aber nicht weniger auch raffiniert ... Der uns bombardiert. Mit seiner Ideologie, seiner Propaganda, seinen Halbwahrheiten und Lügen ...«

»... Und dem wir dadurch das Leben erleichtern, indem wir die Wahrheit, die ungeschminkte und reine, sobald sie uns unangenehm scheint, manchmal uns selber trifft, verschweigen ...«

Der Alte zischte es wieder zwischen seinen Zähnen hervor. »Außerdem, Claus! Du bist seit Jahren im Ausland. Was weißt denn du schon von uns hier zu Haus. Ich aber ... Und glaub nicht, ich sei inzwischen ein altes Eisen und setze Rost an ... Ich seh es im Dorf. Noch mehr in der Stadt. Am meisten aber dort, wo ich herkomme. In den Keramischen Werken. Die Moral geht vor die Hunde, die sozialistische ...«

»Gut. Streiten wir uns nicht darüber. Meine ganze Sorge gilt Claudia.« Er wich aus. Denn diesen Vorwurf, er kenne das Leben in der Republik nicht mehr, hatte er sich oft schon selber gemacht. »Claudia ... Vielleicht nimmt sie alles zu tragisch. Ein bißchen mehr Selbstvertrauen – und sie würde genesen.«

Die Mutter mischte sich ein. Sie hatte den Jungen schlafen gelegt, in den engen Räumen des Häuschens jedoch trotz seines Maulens und Zeterns, da er seinen Großvater, obwohl der für ihn ein Fremder war, nicht freigeben wollte, vom Streit der Männer fast jedes Wort verstanden.

Claus Salzbach wußte, was er, und vor allem seine Tochter, ihr zu verdanken hatten. Tag und Nacht mühte sie sich um den kleinen Jens, brachte ihn morgens in die Kinderkrippe des Dorfes, holte ihn nachmittags ab und hatte bis in den Abend hinein alle Hände voll mit ihm zu tun. Wenn sie sich, vor zwei Jahren nun schon, nicht bereit erklärt hätte, den Jungen zu sich zu nehmen, wäre Claudias Bewerbung wohl sofort von der Fachschule abgelehnt worden.

Daran erinnerte sie ihn jetzt.

Ja, er kannte bereits von seiner Tochter diese auch ihm so unfaßbare, allen Prinzipien sozialistischer Menschenführung hohnsprechende Geschichte, in der ebenfalls schon, entsann er sich, jene Frau Baumholder eine höchst unrühmliche Rolle gespielt hatte. In Gegenwart noch einer dritten, wohl die Kaderabteilung der Schule vertretenden Person, die sich jedoch relativ still verhielt und zu allem nur nickte, war Claudia zu ihrem Aufnahmegespräch besonders von ihr mit Eiseskälte empfangen worden: Sie also, liebe Frau Wenzel (damals trug sie noch diesen Namen), wollen bei uns Hebamme werden. Doch hatten Sie sich nicht schon ein Jahr lang einem anderen Studium gewidmet, das Sie dann kurzerhand hinwarfen? – Ja, ich besuchte die Ingenieurschule für Keramik. Als ich aber schwanger wurde und außerdem spürte, daß ich den falschen Beruf gewählt hätte, wenn ich ... – Aha, Beständigkeit ist dann wohl nicht gerade ein hervorstechender Charakterzug an Ihnen, oder? Doch bilden Sie sich bloß nicht ein, Sie könnten als Hebamme kommen und gehen, wie es Ihnen paßt, wie Sie bei Laune sind. Zu jeder Tages- und Nachtzeit wird voller Einsatz von Ihnen erwartet. Haben Sie daran schon einmal gedacht? – Natürlich. Aber Leben zur Welt bringen, den Müttern dabei helfen, mit aller Kraft, die ich habe, und mit dem allergrößten Einfühlungsvermögen von Mensch zu Mensch – das ist für mich eine ungewöhnlich schöne, eine unvergleichlich sinnvollere Tätigkeit, als mich mit toten Dingen abzugeben. Besonders seit ich selbst entbunden wurde ... – Soso, klingt ja sehr romantisch. Das jedoch ist es zuallerletzt. Hebamme zu sein heißt vor allem, harte Arbeit zu leisten, und ist nichts für verweichlichte, empfindsame Gemüter ... Sie haben also ein Kind, ja? – Einen Sohn, im Januar geboren. – Und wer kümmert sich während Ihrer Ausbildung um ihn? Oder glauben Sie etwa, wir können Rücksicht darauf nehmen, daß Sie Mutter sind? Nein, nein, das gewöhnen Sie sich schnellstens mal ab. Bis zu Ihrem Examen werden Sie ihn kaum zu sehen kriegen, liebe Frau Wenzel. –

Mein Mann ist Student und würde ... – Wo? – Hier, an der Universität. – Welche Fachrichtung, wenn man fragen darf? – Kulturwissenschaft. – Na, dann hat er ja genügend Zeit, das Kind zu versorgen, nicht wahr? Das also hätten wir geklärt ... Was uns jedoch noch immer aufstößt, das ist: Sie sind überaltert. Sie würden, vorausgesetzt, wir würden Ihrer Bewerbung stattgeben, einer Seminargruppe von achtzehn Schülerinnen angehören, die sämtlich drei oder gar vier Jahre jünger sind als Sie, ledig, ohne Anhang, und die, da sie von weither zu uns kommen, im Internat wohnen werden ... Sie hingegen, schloß endlich die Leiterin, sei das direkte Gegenteil in allem.

So oder ähnlich, nahezu entwürdigend für Claudia, empfand Claus schon damals, mußte das Gespräch, wenn er ihrem Bericht Glauben schenken konnte, verlaufen sein. Später stellte sich dann heraus, daß Frau Baumholder es durchaus nicht allzu genau mit der Wahrheit genommen, die Tatsachen verdreht hatte. Zwei von Claudias Kommilitoninnen waren sogar älter als sie, eine hatte auch schon ein Studium abgebrochen, eine andere war ebenfalls Mutter, zwei weitere wurden es noch mit der Zeit, und nicht weniger als vier stammten unmittelbar aus W.

Warum aber, dachte er, hatte diese Frau sich bereits damals seiner Tochter gegenüber dermaßen übel gesonnen verhalten? Oder trat sie vor allen so auf, um die Mädchen zu schockieren, ihnen irgendwelche, rein von ihr mit Argwohn unterstellte Flausen auszutreiben? Ging man denn aber so mit jungen Menschen um, von vornherein mißtrauisch und gefühlskalt? Sollte man ihnen nicht eher Mut zusprechen, ihnen den Weg ebnen, statt Knüppel zwischen die Beine zu werfen?

Doch noch wehrte er sich gegen solche Fragen, wollte niemandem Unrecht zufügen und widersprach der Mutter: »Dora, ich weiß ... Aber vielleicht sollte man auch die Leiterin verstehen. Zwar mag sie nicht die richtigen Worte gefunden haben, doch gewiß wollte sie nur darauf verweisen, daß der Beruf einer Hebamme höchste Konzentration und eine besondere Verantwortung erfordert.«

»So ... Ich sehe, du bist noch immer der alte Sturkopp, selbst im unangebrachtesten Moment. Ich muß dir die Augen öffnen, damit du endlich deine Tochter begreifst, das arme Kind ...«

Tränen sickerten in die Runzeln ihres Gesichts, als sie nun den jüngsten Vorfall schilderte, und mehrmals schneuzte sie sich. Sie erzählte verworren, da sie sich in den medizinischen Details nicht auskannte, aber Claus konnte sich dennoch ein Bild von dem Geschehen ausmalen.

Seit Anfang September befand sich Claudia im fünften Semester, was bedeutete, daß die theoretischen Fächer so gut wie hinter ihr lagen und fortan bis zum Examen die praktische Ausbildung im Kreißsaal das Studium beherrschte. Von der leitenden Hebamme, einer gewissen Frau Huldig, erhielt sie eine Mentorin zugewiesen, von der es hieß, sie sei eine hochgeachtete Fachkraft, worüber jedoch, war davon die Rede, die Absolventinnen der Vorjahre nur geringschätzig lächelten und mit den Achseln zuckten. Sehr bald bemerkte auch Claudia, daß sie von ihr mehr mit nebensächlichen Arbeiten betraut wurde als mit solchen, die ihrem künftigen Beruf dienten. Sie mußte Fußböden schrubben, die Betten der Wöchnerinnen scheuern, sogar mit der Zahnbürste, Medikamente ordnen, jeden Tag neu, Instrumente reinigen. Nein, zur Teilnahme an einer Entbindung, für Claus unverständlich Dammschutz genannt, wurde sie, im Gegensatz zu anderen Studentinnen aus ihrer Seminargruppe, nicht zugelassen. Aber hatte sie ihre jetzige Tätigkeit denn nicht schon in den Semestern zuvor bis zum Überdruß ausgeübt? Und war sie nicht auch schon vor ihrer Immatrikulation, in dem Jahr, als sie als Stationshilfe, Putzfrau in der gynäkologischen Abteilung des Bezirkskrankenhauses gearbeitet hatte, mit jeder Art Schmutz und allen Sorten Dreck in Berührung gekommen?

Sie sagte es, und es glich einer Beschwerde. Frau Huldig aber sah darin noch mehr, eine Unverschämtheit, eine Anmaßung ihrerseits, und andere, ihr gewogenere Hebammen warnten sie, sie solle, um sich allen Ärger zu ersparen, lieber schweigen, statt zu murren. Im Sekretariat der Schule wollte eine ihrer Dozentinnen kurz zuvor sogar Zeugin eines Telefonats gewesen sein, das die Baumholder und die Huldig führten, und die Worte gehört haben: Nehmen Sie mal die Salzbach besonders scharf 'ran. Damit sie endlich lernt, sich zu fügen, und nicht denkt, sie könne auf Kosten ihres Herrn Vaters die Prüfung bestehen. Sie wissen ja, daß es nur ihm zu verdanken ist, wenn wir sie überhaupt bei uns studieren lassen.

An dieser Stelle spürte Claus zum erstenmal ein Gefühl in sich aufsteigen, das ihm den Hals abzuschnüren drohte.

Nach Claudias Aussage sei sie in all den Monaten zuvor stets auch besser mit den Ärzten als mit dieser oder jener Hebamme ausgekommen. Mehrmals sei sie von ihnen, was sie ungemein beflügelt habe, wegen ihres fundierten theoretischen Wissens gelobt worden, und einmal habe Dr. Braune sie sogar gebeten, bei einer nicht unkomplizierten Operation an seiner Seite als Assistentin mitzuwirken.

Derselbe Arzt jedoch habe sie nun vor wenigen Tagen, als sie endlich ein Kind abnabeln und versorgen durfte, vor aller Augen und Ohren, vor versammelter Gemeinde von Klinikpersonal und Patientinnen geradezu abgekanzelt. Auch Frau Baumholder, was sie bisher bei keiner anderen Studentin getan, war eigens Claudias wegen in den Kreißsaal gekommen, hatte ihr während der Entbindung Fragen über Fragen gestellt und sie mit jeder in die Enge zu treiben versucht. Was sie nie behauptet hatte, daß bei der Geburt dem Kinde das Fruchtwasser, sobald es das verschlucke, in die Lunge gerate, wurde ihr nun als Antwort unterschoben. Sie sei unfähig, hieß es schließlich, Hebamme zu werden, denn sie wisse ja nicht einmal in der Anatomie Bescheid. Oh, wie oft habe sie sich, Dora, in den Tagen danach noch diese Geschichte anhören müssen.

Völlig verstört kam Claudia am Abend nach Haus. Sie heulte sich aus. Es war am Freitag. Und den Rest gab ihr dann das Wochenende. In einer Sendung des Fernsehens wurde die Entbindungsstation der Universitätsklinik vorgestellt. Auf dem Bildschirm sah sie sie alle wieder, überhäuft von den Reportern mit Glanz und Gloria: Dr. Braune, Frau Huldig, Frau Samuel, ihre Mentorin, und sogar die Baumholder posierte mit freundlichster Miene vor der Kamera.

»Das muß sie zutiefst getroffen haben«, sagte stockend die Mutter. »Sie wurde weiß wie die Wand, ging ins Bad, und wir hörten noch, Albert und ich, wie sie Wasser laufen ließ. Da nahm sie Tabletten.«

Claus erhob sich spontan. Nein, es hielt ihn nicht mehr im Sitzen. Als ob ihm die Kehle zugeschnürt würde, so fühlte er sich. Claudia! Claudia! Du sollst nicht umsonst nach mir gerufen haben ...

Claus Salzbach schrieb eine Eingabe, die sich jedoch eher, da von ihm mit der Sachlichkeit von Berichten aus seiner diplomatischen Tätigkeit verfaßt, wie eine Information las. Er hatte lange überlegt, an wen er sich damit wenden sollte, ob an den Rektor der Universität, das Ministerium für Hoch- und Fachschulwesen oder gar den Staatsrat. Letzterer aber schien ihm für seine Zwecke eine Instanz zu hoch gegriffen. Der hatte andere Sorgen, er seinerseits wollte auch nichts übertreiben, und so entschied er sich schließlich für die Bezirksleitung der SED. Ihr Sitz befand sich nur unweit von W. , sozusagen schon halb am Orte, was ihn zu der Vermutung veranlaßte, der bürokratische Weg könne dadurch ungemein abgekürzt und die Aussprache, auf die er bestand, sehr schnell herbeigeführt werden. Zum anderen stellte sich ihm Claudias Fall als eine Angelegenheit innerparteilicher Demokratie dar, denn sie war, wie er von ihr erfuhr, unter den achtzehn Studentinnen ihrer Seminargruppe die einzige Genossin, und um so unverständlicher fand er, daß sie von den Lehrkräften der Schule, meist ebenfalls Parteimitgliedern, derart schikanös behandelt wurde. Den Brief gab er selbst im Gebäude der Bezirksleitung beim Pförtner ab.

Claudia indessen, nachdem er sie noch einige Male in der Klinik besucht hatte, kehrte nach Haus zurück, zu ihren Großeltern und ihrem Sohn in Wellaune. Sie fühlte sich mittlerweile weit besser, zumindest wirkte sie beruhigt, wozu gewiß beitrug, daß sie ihren Vater ständig in der Nähe wußte und sich jederzeit, überkamen sie nochmals Depressionen, an ihn anlehnen konnte. Er munterte sie auf, stärkte ihren Mut, und überdies ging er ja auch schon den Ungerechtigkeiten nach und hatte die Bezirksleitung informiert. Zwar blieb sie noch krank geschrieben und mußte sich weiterhin der ärztlichen Kontrolle unterziehen, aber sie scherzte wieder, lebte sichtlich auf, und besonders, wenn sie sich Jens widmete, mit ihm spielte und tollte, war ihr kaum anzumerken, daß sie vor kurzem noch Selbstmordgedanken gehegt hatte.

Natürlich beobachtete Claus seine Tochter, doch er tat es mit äußerster Vorsicht, da er fürchtete, sie könne erschrecken, sobald sie gewahrte, daß seine Sorge um sie noch immer nicht abgeklungen war. Was jetzt in ihr loderte, ihr fröhliches Temperament wieder von früher, mißtraute er, sei vielleicht nur ein Strohfeuer und würde beim ersten kalten Windhauch, der sie träfe, sofort verlöschen.

Ach, mein Mädchen, dachte er schmerzhaft, wenn doch nur alles so bliebe, sich wieder einrenkte und ich mich irrte, wie wäre ich froh ... Trotzdem, was geschehen war, konnte nicht einfach weggewischt werden. Die Partei mußte sich des Falles annehmen, und er war überzeugt, daß sie dabei auch keinen Augenblick zögern würde. Was sich dort in der Schule abspielte und weniger die fachliche als vielmehr die *ethische* Seite der Ausbildung von jungen Menschen betraf, nicht nur Claudias, besaß grundsätzlichen Charakter. Zwei Studentinnen, erzählte sie ihm, die soeben noch ihre Bereitschaft erklärt hatten, in die SED einzutreten, hätten sich wenig später wieder davon distanziert, mit dem Hinweis auf sie. Wenn sie sähen, wie sie, Claudia, zu leiden habe, und zwar unter der Fuchtel von Frau Baumholder, die sich ebenfalls als Kommunistin ausgebe, zögen sie es vor, sich lieber nicht darauf einzulassen ... Stank das alles denn nicht zum Himmel?!

Seine Tochter, dafür verbürgte er sich, war zu keiner Stunde im Zweifel an der gerechtesten Sache der Welt, dem Kampf um Frieden und Sozialismus, aufgewachsen, und nie war sie auch nur in den geringsten Konflikt mit ihrer Gesellschaft geraten. Diese Erziehung verdankte sie mehr noch als ihm Martina, die sich ständig um sie hatte kümmern können. Sann er darüber nach, erschien ihm nun auch manches, was er oberflächlich zunächst an ihr für allzu große Empfindsamkeit gehalten, in einem anderen Licht.

Die Internatsschule damals, in die sie, unmittelbar nach ihrem vierzehnten Geburtstag, geschickt worden war, gut, dort mochte sie noch die plötzliche, für sie völlig ungewohnte Trennung von Mutter und Vater nicht verkraftet haben. Aber um jeden Preis ehrlich, eine Schülerin, die Kriecherei und Heuchelei haßte, war sie auch dort schon gewesen. Die Einschätzungen über ihr Gesamtverhalten in den Zeugnissen jeweils bestätigten das, obgleich manchmal von den Lehrern sogar als negativ empfunden und etwa folgendermaßen formuliert: Claudia muß an sich arbeiten, um zu lernen, ihre Absolutheit abzulegen ... Ihre Rigorosität bereitet ihr nicht selten Schwierigkeiten, die sie bei größerer Kompromißfähigkeit vermeiden könnte ... Zwar beflügelt sie mit ihrer offenherzigen, aufrichtigen Wesensart das Klassenkollektiv, doch andererseits braucht sie zu lange, um sich besseren Einsichten zu fügen ... Sowohl Martina als auch er hatten sie ob solcher Sätze jedoch stets darin bestärkt, sich erst dann von einem Gedanken, einem Standpunkt oder gar einer Verhaltensweise zu lösen, wenn sie selber vom Gegenteil vollauf überzeugt sei und es mit ihrem Gewissen vereinbaren könne. Alles andere führe zu Doppelzüngigkeit, und die sei schlimmer als jeder Verdacht auf Starrsinn. Hatten sie selber denn nicht, seine Frau und er, ebenfalls stets nach dieser Maxime gelebt? Ja, er konnte es drehen und wenden, wie er wollte, Claudia war ihr Produkt, leiblich sowieso, doch auch geistig.

War aber das denn der beste Rat, den – noch dazu aus der Ferne, ohne Kenntnis der genaueren Umstände – ihre Eltern ihr hatten geben können? Ein bißchen weniger Rigorismus, ein bißchen mehr Anpassungsvermögen, selbst wenn es sie Überwindung gekostet hätte – und Claudia wäre gewiß manch heikle Situation, auch später in der Medizinischen Fachschule, erspart geblieben. In dem einen und anderen Protokoll läßt sich darüber einiges nachlesen.

Es war um die Mitte des zweiten Studienjahres. Frau Baumholder hatte zuvor von sämtlichen Studentinnen der Seminargruppe die Hefter eingesammelt, in denen sie über ihre praktische Ausbildung als Hebamme Buch führen sollten, von den Arbeitsschutzbelehrungen bis zu persönlichen Eindrücken über ihren Dienst im Kreißsaal. Sie wolle sie kontrollieren, sagte sie, und mit Hinweisen helfen, sobald sie es für nötig erachte. Doch trotz mehrmaliger Bitten und Anfragen gab sie sie monatelang nicht zurück. Die Studentinnen brauchten sie aber zum Arbeiten, und ihre Unzufriedenheit wuchs.

Da entschloß sich Anette, die älteste unter ihnen, die bereits mehrere Semester Medizin studiert hatte, eine Art Protestresolution zu verfassen. Nicht gerade zimperlich, warf sie darin der Schulleitung Nachlässigkeit, gar Schludrigkeit vor, forderte ihre Mitschülerinnen auf, sich mit ihren Namenszügen unter dem Text zu der allgemeinen Empörung zu bekennen, und überreichte in einer Unterrichtsstunde die Liste Frau Baumholder. Bis auf drei, die aus unterschiedlichen Motiven, wohl aber vorrangig aus Furcht vor den Folgen, zurückgeschreckt waren, hatten alle anderen unterschrieben, auch Claudia.

Schon in der nächsten Parteiversammlung wurde dieser Vorfall zum Gegenstand heftigster Kritik, und da sie die einzige Genossin in ihrer Seminargruppe war, lud sich aller Zorn der Dozenten und Lehrer über sie aus. Man bat sie, zu ihrem Verhalten Stellung zu nehmen, und es waren nicht eben die freundlichsten Worte, die sie nun zu hören bekam.

Die Genossin Baumholder allerdings ließ es für sich die anderen erledigen. Ihre Meinung sei ja bereits bekannt, sie betrachte das Ganze als Unverfrorenheit, als eine ungeheure Anmaßung. Die Parteisekretärin zog vom Leder, doch führte man ihre Rede auf den inhaltlichen Kern ihres

Angriffs zurück, so entbehrte sie keineswegs der Berechtigung.

Was sie sich dabei gedacht habe, hieß es, brav wie ein Neugeborenes, lammfromm mitten in der Hammelherde einherzutrotten. Sie als Genossin! Und welchen Einfluß, positiv natürlich!, übe sie überhaupt auf die Klasse aus. Wie sich hiermit gezeigt habe, doch offenbar keinen. Sie habe sich schlicht überrumpeln lassen, und so sehe man sich vor die fatale Tatsache gestellt, daß immerhin drei Studentinnen, zwei davon sogar christlichen Glaubens, ungleich mehr Disziplin, ein weitaus höheres Bewußtsein bewiesen hätten als sie, indem sie ihre Unterschrift verweigerten. Dazu allerdings gehöre wohl auch eine Portion Mut, die ihr fehle, obgleich sie sich, wie man ja wisse, bei anderen Gelegenheiten oft genug zur Sprecherin ihrer Gruppe aufgeschwungen habe, zur Gerechtigkeitsfanatikerin.

Ein paar Stimmen, manche weniger scharf, andere jedoch mit noch spitzeren Zungen, folgten, und Claudia Salzbach, nachdem sie endlich zu Wort gekommen, versäumte nichts, um sich noch tiefer in die Nesseln zu setzen. Sie wehrte sich, verteidigte sich gegen die Vorwürfe und ließ auch nicht im geringsten Einsicht erkennen.

»Zum ersten Mal, höre ich heute, scheint es überhaupt von Interesse zu sein, welchen Platz ich als Genossin in meiner Seminargruppe einnehme. Bisher fragte mich kaum jemand danach, so daß ich mich stets allein gelassen fühlte. Ich konnte und ich wollte mich auch nicht von der

Unterschriftensammlung ausschließen. Denn ich bin bis jetzt noch der Überzeugung, daß Genossin Baumholder mit ihrem Verhalten den Aufstand in der Klasse provozierte. Sie jedoch geht hier völlig unbeschadet, kritikfrei aus. Sind wir denn aber, statt in der Partei, in einem Kindergarten? Werden darin nur wir, die Studentinnen, für Fehler zur Rechenschaft gezogen? Und was jene drei betrifft, die aus Feigheit nicht unterschrieben, uns von Ihnen jedoch als Vorbilder gepriesen werden ... Bei uns sind sie seit langem dafür bekannt, daß sie ihr Mäntelchen stets nach dem Wind hängen. Nein, gerade weil ich Genossin bin, sah ich keinen Grund, mich von den anderen zu isolieren. Wie sollte ich mir sonst ihr Vertrauen bewahren? Mag auch Anette mit ihren Formulierungen übers Ziel hinausgeschossen sein, die Stimmung des Kollektivs traf sie exakt ...«

Mit dieser Entgegnung, obgleich ehrlich gemeint, stieß sie in ihrer Parteigruppe, bei den Dozenten und Lehrern, nur auf Unwillen. Ihr Ruf, starrsinnig, wenn nicht gar überheblich zu sein, verfolgte sie weiterhin.

Nach dem Abitur hatte sie ein Studium an der Ingenieurschule für Keramik aufgenommen, wozu sie in gewisser Weise überredet worden war: von Lehrern und sogenannten, wie Claus inzwischen glaubte, rein pragmatisch denkenden, den wirklichen Wünschen und Interessen der Jugendlichen ziemlich gleichgültig gegenüberstehenden Berufsberatern; auch von Albert (ja, diesen Vorwurf mußte er unbedingt einstecken); vor allem aber durch die längst in Mißkredit gebrachte, in aller Munde zur Phrase erniedrigte marxistische These, daß Freiheit Einsicht in die Notwendigkeit sei. In der Tat, Claudia hatte sich alledem geopfert in dem Glauben, sie könne so ihrem Staat am besten dienen. Schon seit Jahren nämlich suchte die Republik, um ihre ehrgeizigen ökonomischen Pläne erfüllen zu können, in Menge Verfahrenstechniker, Ingenieure für Datenverarbeitung und Elektronikspezialisten. Die Keramischen Werke in H. nahmen dabei eine Schlüsselposition ein, denn das Sortiment ihrer Erzeugnisse reichte vom Hochspannungsporzellan über Thermistoren und Magnetsysteme bis zu Halbleiterkondensatoren und Hybridschaltkreisen, alles Dinge also, die im Zeitalter der wissenschaftlich-technischen Revolution dringend in der Industrie gebraucht werden. Gewiß, Claudia erhielt in den naturwissenschaftlichen Fächern ausgezeichnete Zensuren, und ihr Großvater, bei dem sie wohnte, seit sie in eine erweiterte Oberschule von W. übergewechselt war, sah es nicht ohne Stolz, daß sie, was die Keramik betraf, in seine Fußstapfen treten wollte. Doch bereits im ersten Jahr ihres Studiums gelangte sie zu der Überzeugung, den falschen Beruf gewählt zu haben. Die Festkörperphysik, die Pulvermetallurgie und die Hybridmikroelektronik, so wichtig sie auch immer sein mochten, für sie blieben es tote Seelen, und sie wollte sich lieber den Lebenden widmen.

Sie bat um ihre Exmatrikulation, was ihr zwar ein paar Komplikationen einbrachte, schließlich aber dennoch genehmigt wurde, und da sie nun entschlossen war, einen medizinischen Beruf zu ergreifen, Hebamme zu werden und später vielleicht Ärztin, zunächst jedoch noch keine Aufnahme in einer entsprechenden Einrichtung fand, bewarb sie sich im Bezirkskrankenhaus um eine Anstellung als Stationshilfe. Dieser Name freilich täuscht, er verrät nicht, daß es sich bei ihm nur um ein gehobeneres Synonym für Putzfrauen handelt, die allerdings überall begehrt sind und also auch in jeder gynäkologischen Abteilung.

Claus hatte sie deswegen manchmal sogar bewundert. Was alles bürdete sie sich doch auf, um sich ihren Wunschtraum zu erfüllen. Sie scheute keine noch so harte und schmutzige Arbeit, und auch das zeugte nach seiner Meinung von ihrer Willenskraft und bewies, daß sie am wenigsten darauf aus war, verhätschelt zu werden. Doch bereits dort, im Krankenhaus, von dieser und jener blasierten Schwester kaum ernst genommen, als gleichberechtigt angesehen schon gar nicht, wurde sie oft gejagt, getriezt, wie sie sagte, besonders nachdem sich herumsprach, aus den Kaderakten geklaubt, sie sei die Tochter eines hohen Staatsfunktionärs und, in der Gerüchteküche zusammengebraut, von irgendeiner Ingenieurschule wegen Unfähigkeit gefeuert worden. Auch spielten in ihrem neuen Wirkungsbereich bereits Vorurteile, Mißgunst und blanker Neid mit, so etwa, wenn sie verlauten ließ, sie habe ihre Kindheit mit den Eltern in Vietnam und Ägypten verbracht, die manch einer für die exotischsten Gegenden der Erde hielt, sie kenne die Pyramiden und habe im Stillen Ozean gebadet, und selbst dann, wenn sie zum Dienst mit Jeans und schikkem Pullover oder in einem Kleid erschien, die aus Paris stammten und ihr von Martina geschenkt worden waren.

Solche Borniertheit, obwohl er sie nicht einmal am eigenen Leibe erfuhr, reizte auch ihn schon. Aber sollte das alles denn noch immer kein Ende haben? Sollte Claudia bis in alle Ewigkeit gehetzt, schikaniert, verfolgt werden, Spießruten laufen lediglich seinetwegen, zumal sie nach ihrer Scheidung auch wieder den Namen Salzbach angenommen hatte, weil sie in nichts mehr an Wenzel erinnert sein wollte?

Ein einziges Mal hatte Claus sich mit mehr Nachdruck, als ihm vielleicht zustand, für sie verwandt. Das war, als man sich sträubte, ihrer Exmatrikulation zuzustimmen, und ihr daraus sogar Schwierigkeiten zu erwachsen drohten. Da hatte er in Paris zum Telefon gegriffen, sich mit Berlin verbinden lassen und die eine Forderung gestellt, seiner Tochter, sofern es an ihrer Lerndisziplin und ihrem Leistungsvermögen nichts auszusetzen gäbe, länger keine Steine in den Weg zu legen und ihr umgehend den Wechsel von der Ingenieurschule in die Medizinische Fachschule zu gestatten. Wo leben wir denn, Genossen! In einem Zwangslager oder in einer sozialistischen

Gesellschaft? Nur weil ihr darum bangt, eine eurer Planstellen könnte vakant bleiben, soll ein Mensch seinen Träumen entsagen und zeitlebens Sklave seines Berufs sein?

Zwei Wochen nach ihrer Entlassung aus der Neurologischen Klinik war sie nach Auskunft der Ärzte wieder soweit genesen, daß sie ihre Ausbildung fortsetzen und sich in den Kreißsaal zurückmelden konnte.

Claudia fürchtete diesen Tag. Sie ging mit Zittern und Zagen. Am Abend, als sie nach Haus kam, wirkte sie blaß, seltsam erschöpft, zerfahren. Aber auf alle Fragen, mit denen sich Claus daraufhin nach ihrem Befinden erkundigte, gab sie nur ausweichende Antworten.

Nein, er konnte nicht sagen, daß ihm ihr Zustand gefiel, ihn gar von seinen Sorgen um sie befreite. Außerdem, was ihn noch beunruhigte: Von der Bezirksleitung war ihm zwar der Empfang seines Schreibens bestätigt worden, doch die Aussprache, um die er gebeten hatte, wurde mit keinem Wort erwähnt.

Er fuhr nach Berlin, aber schon auf dem Wege dorthin, im Zug, sah er sich von wachsender Traurigkeit begleitet. In einem Anfang der sechziger Jahre erbauten Komplex im Rücken der Hochhäuser am Strausberger Platz besaß er eine Wohnung, die er jedoch seit Martinas Tod nicht mehr betreten hatte. Zu sehr fürchtete er, daß ihm all die Erinnerungen an seine Frau darin das damals durchlebte, übermächtige Leid ins

Gedächtnis zurückrufen und seinen Schmerz erneut entfachen könnten. Tagelang vorher bereits fühlte er sich bedrückt, niedergeschlagen, wie von der Vergangenheit wieder eingeholt, und schob die Reise ein um das andere Mal hinaus.

Nun aber durfte er nicht länger warten. Um allen Eventualitäten, die ihm sein Einsatz für Claudia noch bescheren würde, vorzubeugen, so jedenfalls riet ihm seine Vorsicht, brauchte er einige Unterlagen aus seiner Wohnung. Auch mangelte es ihm inzwischen an Geld, und er bewahrte dort noch ein Scheckbuch für sein hiesiges Konto auf.

Als er dann endlich vor dem Block stand, zu den Fenstern aufschaute, die mit ihren innen von Übergardinen verhängten Scheiben wie blind in die Sonne starrten, stockte ihm das Herz. Mit bleischweren Beinen schritt er die wenigen Stufen zum Eingang hinauf, und im Fahrstuhl, je höher er kam, spürte er von Sekunde zu Sekunde stärker seine Beklemmung wachsen. Die Hand zitterte ihm, als er die Tür aufschloß, und bereits im Korridor glaubte er den Staub zu riechen, der sich wohl hier während der Jahre überall abgelagert hatte.

Ja, es war, als stiege er in eine Gruft, und daran änderte auch nichts, daß sich gelegentlich eine Nachbarin um die Wohnung kümmerte und sie durchlüftete.

Im ersten Augenblick wollte Claus das Licht anschalten, doch er entsann sich, daß draußen die

Sonne schien, ging daher von Zimmer zu Zimmer und riß die Vorhänge auf.

Sämtliche Polstermöbel waren von übergeworfenen Tüchern geschützt, die Ehebetten, unberührt seit langem, von einer breiten Tagesdecke überspannt, und das alles war ebenfalls noch Martinas Werk gewesen.

Er mußte sich setzen und kauerte sich in den Schreibtischsessel. Mit den Ellenbogen stützte er sich auf die Glasplatte, die als Unterlage diente, und stemmte seine Stirn zwischen beide Fäuste. So verharrte er, reglos, unfähig, auch nur das Geringste zu unternehmen, ohne einen Gedanken daran, weshalb er gekommen war. Der Anblick lähmte ihn, der Anblick von Martinas Gesicht, das ihm, zwischen Schreibutensilien in einer Schale und unabgeräumten Büchern, von einem Foto zulächelte. Und da lag auch noch die Zeitung, an den Rand geschoben zwar und zusammengefaltet, doch er wußte, wenn er sie aufschlagen würde, sprängen ihn wieder die gräßlichen Bilder an, und so fand er den Mut nicht dazu.

Dieser entsetzliche Tag im Februar ...

Selbst Paris wurde damals noch vom Eisregen überschüttet und versank in Schneestürmen.

Claudia war soeben von ihrem Sohn entbunden worden, und Martina hatte die Erlaubnis erhalten, sie in der Heimat besuchen zu dürfen.

Claus Salzbach indessen weilte in Mexiko, auf einer Tagung der Unesco-Kommission zur Bekämpfung des Analphabetentums. Als Leiter der DDR-Delegation hatte er auf dem Plenum eine vielbeachtete Erklärung abgegeben, mit konkreten Vorschlägen darin aufgewartet und am Beispiel der Hilfsmaßnahmen, mit denen die Republik Nikaragua unterstützte, ein ähnliches Programm zunächst für die Länder Mittelamerikas gefordert. Sehr geehrter Herr Vorsitzender ... Der blaue Himmel über Mexiko sollte die Kommission allerdings nicht darüber hinwegtäuschen, daß unsere hiesige Begegnung zu einer Zeit stattfindet, in der sich am internationalen Horizont dunkle Wolken zusammenziehen. Viele Staaten der Erde sind von Wirtschaftskrisen, Inflation und Arbeitslosigkeit heimgesucht. Damit im Zusammenhang haben sich die Aktivitäten der Gegner der Entspannung merklich verstärkt. Die in der letzten Zeit erfolgten Angebote der Regierungen einer Reihe von Ländern, insbesondere der Sowjetunion, die Rüstungen zu beschränken, sind nicht überall auf positiven Widerhall gestoßen. Es droht eine neue Eskalation des Wettrüstens. Seine Exzellenz, der Präsident der Vereinigten Staaten von Mexiko, Miguel de la Madrid, hat in seinen Begrüßungsworten darauf hingewiesen, daß die erste Bedingung für die Existenz und den Aufbau von Schulen, Lehranstalten und ganzen, den Menschen aller Rassen und Glaubensbekenntnisse dienenden Volksbildungssystemen in der Erhaltung des Friedens liegt ... Claus zitierte aus der Erklärung von Vancouver, den Paragraphen 12 der Allgemeinen Prinzipien, in dem es heißt: Die Verwüstung und der Mißbrauch von Ressourcen im Krieg und bei der Aufrüstung sollten verhindert werden. Alle Länder sollten eine feste Verpflichtung eingehen, die allgemeine und vollständige Abrüstung unter strenger und wirkungsvoller Kontrolle, insbesondere auf dem Gebiet der nuklearen Abrüstung, voranzutreiben. Der auf diese Weise freiwerdende Teil der Ressourcen sollte zur Erreichung einer besseren Lebensqualität für die Menschheit und besonders für die Völker der Entwicklungsländer genutzt werden.

Er war kein guter Redner, zumal er seinen Text in Spanisch verfaßt und vom Blatt abgelesen hatte, doch er fand viel Beifall. Und noch in diesem Gefühl, glücklich darüber, dem Standpunkt der Republik so eindrucksvoll internationale Achtung verschafft zu haben, auch schon mit den Gedanken voraus, ganz seiner persönlichen Freude verhaftet, daß Claudia ihm einen Enkel geboren hatte, kehrte er nach Paris zurück. Martina, wußte er, würde ebenfalls mit einer der nächsten Maschinen eintreffen. Ihr Wiedersehen, es konnte nur noch Stunden bis dahin dauern. Unerschöpflich nahezu würden sie beide von ihren Erlebnissen zu erzählen haben. Es gäbe genügend Grund zum Feiern ...

Er saß, wartete und stellte schon den Champagner kalt, nachdem er wieder den Kühlschrank, der von Martina vor ihrer Abreise abgetaut worden war, in Betrieb gesetzt hatte. Den Whisky allerdings, von dem er sich bis zu ihrer Ankunft noch ein paar Schlucke gönnen wollte, tat er, um ihn nicht lauwarm trinken zu müssen, mit der

Soda hinaus ins Freie, vergrub die Flaschen unter einer Schneewehe auf dem Balkon.

Mehrmals trat er ans gegenüberliegende Fenster des Zimmers und spähte voller Ungeduld hinab auf die Straße vor dem Wald von Boulogne, ob sich dort nicht ein Taxi zeigte, das Martina vom Flughafen brachte.

Nichts dergleichen geschah. Um sich die Zeit zu verkürzen, schaltete er den Fernsehapparat ein.

Zum ersten Mal, und noch wie nebenbei, hörte er aus dem Munde des französischen Nachrichtensprechers die Meldung von dem Unglück. Nur wenige Stunden später, in der Abendsendung, erfuhr er von Einzelheiten. Er sah die gräßlichen Bilder von der Absturzstelle des Flugzeugs. Zerhackte, verbrannte Bäume. Weit verstreut lagen Wrackteile umher. Löschzüge und Suchtrupps irrten durch die Trümmer. Irgendwelche Leute, der Leiter des Bergungskommandos und Augenzeugen der Katastrophe, wurden interviewt. In ihren Gesichtern spiegelte sich noch die Panik, das Entsetzen. Die Kameras schwenkten die Gegend ab, rückten immer wieder Aufnahmen von ausgebreiteten Tüchern ins Blickfeld, unter denen sich offenbar die Leichen befanden. Auch das Feuer prasselte noch. Achtundfünfzig Passagiere und sechs Besatzungsmitglieder . . . Und keiner habe überlebt, als die Maschine, nach einer durch Nebel notgedrungen erfolgten Zwischenlandung, kurz nach dem erneuten Start in der Luft explodiert sei.

Und Martina kam nicht ...

Seine Unruhe wuchs, steigerte sich ins Unerträgliche. Die Route ... Es war dieselbe, auf der Martina hatte fliegen wollen.

Er rief die Botschaft an.

Und Martina kam nicht.

Er fand keinen Schlaf.

Und Martina kam nicht.

Und am Morgen wurde es dann für ihn zur Gewißheit.

Völlig übermüdet, innerlich schlotternd vor Angst, hatte er seinen Dienst im Hauptquartier der Unesco angetreten.

Dort erwartete ihn bereits der Geschäftsträger der Botschaft, in der Martina als Sekretärin arbeitete. Mit feuchten Augen und vibrierenden Muskeln seines Gesichts versuchte er, was ihm nur stockend gelang, Worte des Trostes zu finden.

Auf der Passagierliste habe auch ihr Name gestanden. Ihre sterblichen Überreste würden demnächst in die Republik überführt, und er solle sich für die Heimreise bereit halten.

Claus, in seiner Berliner Wohnung jetzt, mit geschlossenen Augen ... Das gräßlichste aller Bilder hatte ihm noch bevorgestanden, und wieder bereute er, daß er sich ihm nicht entzogen hatte. Martina im Sarg, entstellt, das Antlitz zerfetzt und nur mühsam wieder ihrem früheren Aussehen angeglichen ...

Er dachte an Claudia. Wenn ihr etwas zustieße ... Er wagte den Gedanken nicht zu Ende zu bringen ... Paris, die leere Wohnung. Auch bei der Nachricht von Claudias Erkrankung war er wie von Sinnen gewesen, ohnmächtig angesichts dessen, daß ihm die Hände gebunden waren.

Er raffte sich auf, er mußte sich zwingen. Er nahm die Arme von der Glasplatte auf dem Schreibtisch und gewahrte noch, wie sie im Staub darauf Spuren hinterließen.

Ihr Glück zu dritt, wirklich groß und gemeinsam, hatten sie zum letzten Mal vielleicht vor fünf Jahren ausgekostet, im Mai, als Claudia sie in Paris besucht hatte. Schon im Sommer danach war sie ihnen nicht mehr wie sonst in ein Ferienheim gefolgt, sondern hatte mit Wenzel in der Mecklenburger Seenplatte auf einem Campingplatz gezeltet.

Seltsam, dachte Claus an ihren Aufenthalt in Frankreich zurück, fiel ihm stets die Fahrt in die Normandie ein, nach Honfleur an der Küste, dort, wo die Seine in den Kanal mündet, und immer auch so, als hätte es die anderen Ausflüge gar nicht gegeben, nach Fontainebleau und Versailles und natürlich durch die Stadtviertel von Paris, zum Montmartre, woher das Bild vor Sacré-Cœur noch stammte, sie und Martina Arm in Arm, auf den Friedhof Père-Lachaise, in den Louvre, das Centre Pompidou, zum Supermarkt in Evry, dem Euromarché. Überall dorthin aber war sie wohl meist nur von ihrer Mutter geführt worden. Er jedenfalls erinnerte sich an nichts so sehr wie an das Fischerstädtchen gegenüber von Le Havre.

Oder lag es nur daran, daß seine Frau und seine Tochter sich dort besonders ausgelassen benommen hatten, eher wie zwei Schwestern im Backfischalter? Nein, wenn er auch Claudia noch hergeben müßte, sein Leben wäre vertan, zermalmt. Er würde sich fühlen wie vernichtet.

Drei Wochen waren indessen vergangen, seit er Hals über Kopf von Paris in die Republik gereist war, vierzehn Tage nach seiner Eingabe an die Bezirksleitung, und noch immer rührte sich nichts. Auf seinen Urlaubsplatz, den er gewiß, wie ursprünglich geplant, angetreten hätte, wäre nicht Claudia plötzlich erkrankt, hatte er längst verzichtet. Nun aber mußte er schon wieder daran denken, an seine Arbeit in der Unesco zurückzukehren.

Der Zorn packte ihn erneut, zumal er bei den Eltern in Wellaune Claudia leiden sah, Abend für Abend, sobald sie von ihrem Dienst aus der Spätschicht heimkam.

Ein paar Telefongespräche nutzten nichts. Nie erreichte er jemanden, der ihm etwas Verbindliches über den Verbleib seines Schreibens hätte mitteilen können, und so machte er sich schließlich auf den Weg und ging unangemeldet in das Haus der Bezirksleitung. Sein Diplomatenpaß forderte dem Pförtner den nötigen Respekt ab, und er durfte passieren.

In der zuständigen Abteilung traf er jedoch auch diesmal nicht den Sekretär an, sondern lediglich einen Mitarbeiter. Der empfing ihn, hörte ihn an, bedauerte, daß er nicht eingeweiht sei, versicherte ihm aber, er wolle sich um die Angelegenheit kümmern und seinen Chef von seinem Besuch informieren. Einmal allerdings schien es Claus, als wisse der Mann trotzdem mehr, als er zuzugeben bereit war, als habe er sich verraten. Denn einmal fragte er, nicht ohne Verwunderung: Die Medizinische Fachschule soll es betreffen, die an unserer Universität? Ich kann mir das gar nicht vorstellen, Genosse Salzbach, nichts von dem, was Sie ihr vorwerfen. Sie gilt seit langem als eine der besten von immerhin sechzig ihrer Art im Lande. Bei jedem Leistungsvergleich schnitt sie über die Maßen gut ab . . .

Er grübelte und grübelte. Er kam sich vor, als laufe er ins Leere, ziellos, endlos durch eine stockdunkle Nacht, rechts und links am Wege nichts, woran er sich hätte orientieren können, kein Licht und nicht einmal ein Schatten. So undurchsichtig, so ungemein gestaltlos war das alles. Nein, er kriegte nichts zu fassen, nichts, was ihm wenigstens die Gewißheit verschafft hätte, er befinde sich mitten im Leben und sei von sozialistischer Wirklichkeit umgeben.

In Honfleur . . . Von dort trug er die Bilder noch in sich, als habe er sie erst gestern vor Augen gehabt.

Das Restaurant in einer meist von Fachwerkhäusern bebauten Seitenstraße des Marktplatzes hieß Le Corsaire, und tatsächlich saß man darin wie in der Kajüte eines Korsaren, wenngleich inmitten einer Menge anderer Gäste, die laut und ungeniert wie Schiffsvolk palaverten. Unter der

Decke und an den Wänden war der langgestreckte und, da auf jedem Fußbreit mit Tischen und Stühlen bestanden, ziemlich eng wirkende Raum mit allerhand Gerätschaft der Meeresfischerei bestückt. Fangnetze und Reusen, Steuerräder und Anker, Harpunen, Positionslaternen, ein funzliges Licht spendend, obwohl vor den Fenstern der Wirtschaft der helle Tag leuchtete, mehrere Wimpelketten und sogar, aus einer Ecke neben dem Tresen hervorragend, eine offenbar echte, mit sibyllinischen Zügen aus Holz geschnitzte Galionsfigur. In der unmittelbar nebenan gelegenen Küche, in die jedermann Einblick nehmen konnte, wurde auf rauchgeschwärzten Herden gebrutzelt und geschmort, so daß alle Gerüche der Welt sich in dem Lokal verbreiteten. Und wollte man auf die Toilette, die sich einen Stock höher befand, so mußte man sich über eine winklige und steile Treppe wie aufs Deck eines Windjammers nach oben hangeln.

Claus war mit Frau und Tochter in einem Peugeot, über den er zu seiner persönlichen Nutzung verfügte, hierher gefahren. Sie kamen an, als Ebbe herrschte und in dem kleinen Hafen der Bucht die Fischerboote im Seichtwasser schwammen, manche schon den Grund berührend und leicht zur Seite geneigt. Später war es für sie dann ein reizvolles Schauspiel, zu beobachten, wie sich bei schwankender Takelage die bunte Flottille mit der steigenden Flut wieder hob. Auch er und Martina kannten den Ort noch nicht, hatten zwar viel Lobenswertes über ihn gehört, waren nun aber trotzdem überrascht von seiner zauberhaften Atmosphäre.

Um so mehr schien Claudia davon beeindruckt zu sein. Sie sprach ebenfalls Französisch, hatte es in Vietnam gelernt und ließ sich, wie in Paris schon, nicht nehmen, hier und dort mit Passanten eine Unterhaltung anzufangen. Auch beharrte sie darauf, im Le Corsaire selber die Speisen zu bestellen, auf Empfehlung ihrer Eltern zunächst die hier als Delikatesse geschätzten und für jedes Gericht schier unerläßlichen Fruits de la mer, Schnecken, Muscheln, Austern und Krebse, auf riesigen Platten reich mit Gemüse garniert, danach Steaks, allerdings nicht nach der Art der Franzosen, innen noch blutig, sondern gut durchgebraten, bien cuit, und zum Abschluß Torte mit Kiwis, in Scheiben geschnittenen grasgrünen, überaus wohlschmeckenden Früchten von irgendwelchen überseeischen Inseln, und mousse aux chocolat.

All dieses Ungewohnte, die Idylle Honfleurs, die romantische Vorstellung, hier auf einem Piratenschiff zu sitzen, das alles in allem fremdländische Essen mit der stets von Späßen begleiteten Mühe, auch das winzigste Schnecklein mit einem Spieß aus seinem Gehäuse pulen zu müssen, dazu der Wein aus funkelnden Gläsern, hob ihre Stimmung und lockerte ihnen die Zunge. Martina und Claudia scherzten unaufhörlich, tuschelten sich, mit verschmitzten Seitenblicken auf Claus, irgendwelche Heimlichkeiten in die Ohren und benahmen sich wirklich zueinander wie zwei

Schwestern, die jüngere der älteren wie aus dem Gesicht geschnitten, ebenso zart, mit dunklem Haar und unschuldsvollen grünschimmernden grauen Augen.

Ihm gefiel es, wenn er auch glaubte, manchmal selbst die Zielscheibe ihres Spotts zu sein. Denn wie er hörte, obgleich nur undeutlich über das brodelnde Stimmengewirr im Raum hinweg, sprachen sie über die Männer, und offenbar teilte wohl Claudia soeben ihrer Mutter einige ihrer ersten diesbezüglichen Erfahrungen mit.

Bitte sehr, sollte sie doch. Auf Dauer würden sie ihn auch davon nicht ausschließen können. Er fürchtete lediglich, daß sie sich zu üppig des Weines bedienten, von dem sie sich unentwegt nachgossen, während er, da er noch fahren mußte, nur vorsichtig am Calvados nippte.

Dann aber, und wie von ihm vermutet, rückten sie mit ihrem Geheimnis heraus.

Claudia, ja, seine Claudia hatte sich verliebt, und das währte nun schon über Monate. Der junge Mann befand sich in der Klasse über ihr, stand vor den Abschlußprüfungen, hieß Crispin Wenzel (komischer Vorname, dachte er), war der Sohn eines Architekten und würde im Herbst für drei Jahre seinen Dienst in der Volksarmee antreten.

»Vati«, sagte sie, mit glühenden Wangen, leuchtenden Augen, »und allzulange wollen wir auch nicht mehr warten und heiraten. Spätestens, wenn auch ich das Abitur hinter mir habe.«

»Na, na, hat es denn solche Eile? Ihr kennt

euch doch noch gar nicht. Und du bist erst siebzehn. In diesem Alter . . .«

»Wir lieben uns«, entgegnete Claudia, auf seine Einwände leichthin schmollend.

War aber das denn ein Argument, um sich gleich in die Ehe zu stürzen?

Martina jedoch nahm sie in Schutz, und zwar auf ihre ihn völlig entwaffnende Weise: »Und ich hab ihr gerade geflüstert, wann du mich zum ersten Mal ins Gras gelegt hast. Zwei Jahre später, mit neunzehn, war ich dann auch schon schwanger, ging mit dieser hier, deinem Goldkind.«

Natürlich war er erschrocken. Darüber, daß seine Tochter, sein ein und alles, nun nicht mehr ihm, sondern einem fremden Kerl gehören sollte. Zugleich aber sah er, wenn er seine Eifersucht noch weiterhin herauskehrte, würde er den beiden und somit sich selber die Laune verderben. Also lenkte er ein, rang sich ein Lächeln ab, trank auf Claudias Wohl, indem er sein Glas hob und den Calvados in einem Zug hinunterstürzte, und erwiderte: »Na gut. Wir werden den Auserwählten ja hoffentlich dann während unseres Urlaubs daheim im Sommer kennenlernen. Aber wehe, er treibt mit dir nur ein böses Spiel.«

Auf der Rückfahrt nach Paris, über die Autobahn vorbei an Rouen, während er den Peugeot steuerte, sangen die beiden im Übermut ein Lied nach dem anderen, hielten darin auch nicht inne, wenn er in langer Kolonne an den Sperren stand, um die Gebühren zu bezahlen, und jeweils seine Fiches zu fünf Francs und mehr in Empfang nahm, so daß mehrmals neugierige und bald von ihrer Heiterkeit angesteckte Gesichter ins Wageninnere lugten. Schließlich stimmte auch Claus in den Gesang mit ein, und es störte ihn gar nicht, daß er hier mitten in Frankreich sein ganzes Repertoire von Schwarzbraun ist die Haselnuß bis zu den Partisanen vom Amur durchexerzierte.

Daran erinnert, traf es ihn um so härter, als Claudia, erneut spätabends, von ihrem Dienst im Kreißsaal nach Haus kam, bleich und mit jener besorgniserregenden Unstäte im Blick wie bei seinem Spaziergang mit ihr durch den Park.

Sie brach in Tränen aus, kaum daß sie die Wohnung betreten hatte, warf sich auf die Couch in der guten Stube der Großeltern, weinte in einem fort, und zwar derart zerreißend, wie von einem Krampf geschüttelt, daß Claus sich keinen anderen Rat wußte, als sich zu ihr zu setzen, sie in die Arme zu nehmen und ihren Kopf zu streicheln. Erst nach einer Weile, nachdem sie sich unter seinen Händen beruhigt hatte, das Zucken ihres Körpers nachließ, wagte er sie zu fragen, was sie bedrückte.

Da endlich kam es ihr über die Lippen, stokkend, noch immer von Schluchzen begleitet, gab sie Auskunft.

An diesem Tag war Frau Huldig, die leitende Hebamme, obwohl sie gewöhnlich zu keiner Spätschicht erschien, länger geblieben und hatte als erstes einer Schülerin aus dem zweiten Studienjahr aufgetragen, Fenster zu putzen. Die jedoch, von zierlicher Gestalt, nur knapp über einen Meter und fünfzig groß, hatte Mühe, an die Knebel zu gelangen, um die Flügel zu öffnen, und in aller Höflichkeit um einen Stuhl gebeten, auf den sie sich stellen könnte. Im selben Moment schon folgte ein Donnerwetter, doch warum, vermochte niemand zu ergründen. Frau Huldig rief alle anwesenden Studentinnen zusammen und begann zu dozieren: Da sehen Sie's, weshalb ich darauf bestehe, daß in unserem Kreißsaal nur Hebammen in Frage kommen, die mindestens eins sechzig gewachsen sind . . . Claudia, die selbst diese Größe nur um drei Zentimeter übertraf, meldete sich zu Wort. Nach ihrer Kenntnis, sagte sie, gebe es keinerlei Art von Bestimmung, die dergleichen verordne. So, ach, erwiderte die Leiterin, jetzt schon mit hochrotem Kopf, unsere liebe und neunmalkluge Frau Salzbach wieder. Merken Sie sich eins, und das war ausschließlich an Claudia gerichtet, was auf unserer Station geschieht, das bestimmen keine Bestimmung und verordnen keine Verordnung, sondern allein der Herr Professor oder ich . . . Etwa eine Stunde später, als Claudia eine werdende Mutter auf die Entbindung vorbereitete und ihr soeben das Schamhaar abrasierte, tauchte wie aus heiterem Himmel der Blitz Frau Huldig neben ihr auf. Was aber sehe ich denn da, rief sie, Sie halten ja den Apparat in der linken Hand! – Ja, ich bin Linkshänderin . . . – Das ist doch nicht möglich! Eine Linkshänderin! Und sie tut auch noch so, als sei es das Normalste von der Welt.

Nein, nein. Sie hören sofort auf zu rasieren. Linkshänder können wir hier nicht gebrauchen. Putzen Sie bitte die Fenster, Frau Salzbach, und ich hoffe, daß wenigstens Sie dazu keinen Stuhl benötigen.

Der einzige, der an diesem Abend von Claudias erneutem Zusammenbruch nichts erfuhr, war ihr Sohn Jens. Dora hatte ihn bereits zu Bett gebracht. Jetzt hockte sie still am Tisch im Wohnzimmer, vornübergebeugt, wie vom Schmerz gekrümmt, schnuffelnd, und betupfte sich bei den Worten ihrer Enkelin fortwährend mit einem Taschentuch die Augen. Ebenso schweigsam hatte sich Albert verhalten. Nach den letzten Sätzen zündete er sich eine Zigarette an, entgegen dem Gebot seines Arztes, und ging nach draußen. »Ich brauch frische Luft«, sagte er endlich mit einem Kratzen in der Stimme.

Und Claudia weinte. »Es hat keinen Sinn«, stammelte sie. »Wie sehr ich mich auch anstrenge, sie werden mich durch die KPA fallen lassen.«

Claus wußte, daß damit die Komplexe Praktische Abschlußprüfung gemeint war, von deren Ausgang letztlich das gesamte Examen abhing. Sie aber würde erst am Ende des Studiums stattfinden.

Also versuchte er zu trösten: »Bis dahin . . . Da ist noch lange Zeit. Und bis dahin wollen wir doch sehen, ob nicht das gesamte Klima an eurer Schule mit Hilfe der Partei . . .«

Claudia unterbrach ihn sofort. »Ach die . . .

Vati! Bist du wirklich so unheilbar naiv, um an sie noch zu glauben? Nein. Wenn ich an die Baumholder denke . . . Und jetzt das. Nichts geschieht, nichts.«

Ja, die Bezirksleitung hatte auf seine Hinweise, seine Vorhaltungen, seine Eingabe noch immer nicht geantwortet.

»Ich jedenfalls, ich werde die Partei wieder verlassen. Oder anders. Nicht ich verlasse sie, sie verläßt mich. Ich trete aus.«

Claus Salzbach erschrak erneut. Was aber sollte er darauf entgegnen? Er versetzte sich in Claudias Situation und sah nur noch die eine Möglichkeit: Er mußte, wollte er seine Tochter nicht verlieren, die Entscheidung herbeizwingen.

Gewiß, selbst die ausführlichsten Protokolle, Dokumente und Aktenberge vermögen nur einen blassen Abglanz dessen zu vermitteln, was, wie schon vorher, so doch fortan immer stärker in Claus Salzbach wirklich vor sich ging, und auch die Aussagen so mancher Bezugspersonen, seiner Gegner und seiner Freunde, nachdem er selber nicht mehr bereit war, Auskunft über sich zu geben, lassen lediglich ahnen, wie tief es ihn im Innersten erschütterte.

Bevor er nun aufbrach, seine Tochter zu retten – ist zu vermuten –, muß ihm der Gedanke gekommen sein, man habe ihn absichtlich so lange, bis in die letzten Tage seines Urlaubs hingehalten, um sich seiner so schnell wie möglich wieder entledigen zu können. Die Genossen der Bezirksleitung wußten natürlich, daß er gezwungen war, in Bälde nach Paris zurückzukehren, was sie vielleicht bewog zu hoffen, sie würden bis auf weiteres von ihm (und seiner Querulanz) verschont bleiben. Einen stichhaltigen Beweis dafür besaß er freilich nicht, aber sein einmal erwachtes Mißtrauen flüsterte ihm diesen Verdacht nun ständig ins Ohr. Jede Eingabe, jede Beschwerde, so bestimmten es die Gesetze, mußten innerhalb eines Monats von den Behörden beantwortet werden: Diese Frist war noch nicht einmal abgelaufen, als ihn nun der Sekretär für Wissenschaft und Volksbildung empfangen wollte. Warum aber hatte es trotzdem erst seines Drängens, seiner Anrufe bedurft, ehe ihm diese Begegnung gewährt wurde? Am Telefon allerdings hatte es anders geklungen: »Gut, sehr gut, Genosse Doktor Salzbach, daß du dich meldest. So ersparen wir uns den Postweg. Denn unser Brief an dich ist bereits diktiert. Als Termin schlage ich dir vor ...« Datum und Uhrzeit folgten. Einverstanden? Paßt es dir? Was hätte Claus darauf denn sonst erwidern sollen. Natürlich ... Und wenn es zur Mitternacht gewesen wäre, er hätte sich sofort auf den Weg gemacht.

Ein kleines Erlebnis am Rande, hört man, bevor er dann die Bezirksleitung betrat, brachte ihn unnötigerweise zusätzlich in eine nicht eben friedfertige Stimmung. Das Gebäude bereits in Sichtweite, bemerkte er vor sich eine Gruppe von Volkspolizisten, vier der üblichen Streifenposten, wie sich bald zeigte, um einen Leutnant geschart, die weder links noch rechts auf dem Bürgersteig Platz für ein Durchkommen ließen. Unmittelbar vor ihm schon blieb einer jungen Frau, die einen Kinderwagen schob, nichts anderes übrig, als sie zu umgehen, indem sie, ohne daß sich die Männer vom Fleck rührten, über die hohe Bordsteinkante hinweg den Fahrdamm benutzte.

Das ist nicht zu glauben, schoß es Claus durch den Kopf, und ich will doch mal sehen, wem hier der Vortritt gebührt. Festen Schritts steuerte er auf die Gruppe zu, entschlossen, sie zu sprengen. Doch sie wich und wankte auch vor ihm nicht, und aus den Wortfetzen, die er bereits vernahm, erriet er, daß die Polizisten etwas Dienstliches besprachen.

»Könnt ihr euch nicht mal bequemen, Genossen«, fuhr er dazwischen, »euren Rapport im nächsten Revier abzuhalten?«

Verdutzt starrten ihn die fünf Gesichter an, und der Leutnant, ein helläugiger, noch recht milchbärtiger Bursche, setzte zu einer Entgegnung an: »Na, hören Sie ... Was erlauben Sie sich ...«

»Nichts höre ich. Überhaupt nichts. Ich sehe nur, wie Sie hier alles andere als Ihrem Ruf Ehre machen, nämlich Freund und Helfer der Bürger zu sein. Statt für Ordnung zu sorgen, bilden Sie ein Verkehrshindernis und lassen junge Muttis durch die Gosse waten.«

Er zückte seinen Diplomatenpaß. Der Leutnant lief rot an und stotterte eine Entschuldigung.

Wenig später, indessen Claus dem Sekretär bereits gegenübersaß, überlegte er, ob er ihn nicht auch davon unterrichten sollte, doch er wies es von sich. Nicht, daß sein Zorn inzwischen verraucht wäre, aber er fragte sich, was für einen Sinn es hätte, seinen Zusammenstoß mit der VP zu schildern, und ob er damit nicht nur den eigentlichen Grund seines Kommens abwerten würde.

Sein Gegenüber war ein stämmiger Mittvierziger und wirkte, so wie er sich breit und behäbig in den Sessel drückte, ziemlich gelassen, wenn nicht gar mit einem Ausdruck jener Ruhe, die jemand ausstrahlt, der über den Dingen zu schweben meint. Mit einem freundlichen Lächeln auf seinen schmalen Lippen war er Salzbach entgegengetreten, hatte ihm kräftig die Hand geschüttelt, seiner Sekretärin sogleich mitgeteilt, daß sie beide nicht gestört sein wollten, und die Sprache zunächst auf Paris und die Arbeit in der Unesco gebracht.

Claus antwortete knapp, wohl auch lustlos, denn seine Gedanken kreisten um etwas ganz anderes, um Claudia und wieder um Claudia.

Schließlich schien auch der Sekretär zu bemerken, daß sein Gast nicht besonders darauf erpicht war, sich über die Weltpolitik auszulassen, und er sagte: »Also, kommen wir zur Sache. Doch bevor wir uns dem konkreten Fall deiner Tochter zuwenden ... Hier ... Inzwischen sind wir natürlich nicht tatenlos geblieben ... Wir haben die Parteileitung der Universität beauftragt, die Zustände an der Medizinischen Fachschule zu untersuchen, und einen Bericht darüber angefordert. Den wollten wir abwarten, ehe wir dich einluden. Du kannst ihn lesen.« Über den Tisch schob er ihm ein vier Seiten langes, eng mit Maschine beschriebenes Papier zu.

Claus vertiefte sich in den Text, las manche Passagen mehrmals, doch bald flimmerte es ihm vor Augen. Sätze standen darin, die ihm wie Hohn vorkamen. Wörtlich hieß es: In den Gesprächen wurde deutlich, daß es an der Fachschule – im Lehrkörper wie unter Studenten sowie in der Praxis im Bereich Medizin – eine hohe Bereitschaft und Aufgeschlossenheit gibt, sich den wachsenden Anforderungen auf dem Gebiet der Lehre und Erziehung zu stellen. Das verdeutlicht die auf gutem Niveau stehende fachliche Ausbildung wie auch die erreichten Ergebnisse in der kommunistischen Erziehung der Studenten ... – Vor allem die Gespräche mit den Studenten, den Praxisvertretern (lehrbeauftragte Schwestern und Stationsärzte) sowie mit den Fachlehrern der Schule waren von Offenheit, konstruktivem Herangehen an die Aufgaben und Probleme und vom Verständnis für die große politische Bedeutung einer von hoher Qualität und Effektivität geprägten Arbeit im Gesundheitswesen getragen ... – Nach Aussagen der Studenten sowie der Lehrer bildet sich im Verlaufe des Studiums schnell ein hohes Maß gegenseitigen Vertrauens bei der Bewältigung der Aufgaben des Studiums sowie persönlicher Probleme heraus ...

Enttäuscht, nahezu angewidert und die Blätter

so zwischen den Fingerspitzen haltend, als fürchte er, sich an ihnen zu beschmutzen, legte er den Bericht auf den Tisch zurück. »Abgesehen von dem scheußlichen, nicht einmal grammatikalisch richtigen Deutsch«, sagte er, wobei es klang wie durch die Zähne geknirscht, »was ja wohl auch stets, insbesondere bei dem zu vermutenden hohen Intelligenzgrad der Verfasser, auf ein oberflächliches, unsauberes Denken schließen läßt ... Phrasen, nichts als Phrasen. Die reinste Schönfärberei.«

Der Sekretär richtete sich leicht in seinem Sessel auf. Vielleicht lag ihm noch Schärferes auf der Zunge. Doch er entgegnete nur, allerdings nicht ohne einen nachzitternden Groll in der Stimme: »Woher eigentlich, Genosse Salzbach, nimmst du für dich das Recht in Anspruch, dermaßen abfällig die Arbeit unserer Genossen an der Fachschule zu beurteilen?«

»Weil ich es besser weiß.«

»Soso. Und von wem?«

»Von meiner Tochter. Wie sie behandelt wurde ...«

»Stopp!« Ein weniger freundliches Lächeln als eingangs, eher ein halb ironisches und halb von Entrüstung bewegtes Zucken umspielte daraufhin die Lippen des Sekretärs. »Du wirst verstehen, daß ich dich bremsen muß, daß ich solche Unterstellungen nicht dulden kann. Bei aller Wertschätzung deiner Person ... Auch bei allem Verständnis für dich als Vater ... Kann es jedoch nicht sein, daß du lediglich der subjektivistischen

Sicht deiner Tochter auf den – Leim gekrochen bist?«

Nach diesen Worten holte Claus Salzbach tief Atem. Ja, er spürte sowohl den Unwillen als auch den Spott darin und schöpfte Luft. Dann aber berief er sich noch einmal auf die Fakten, wiederholte jene aus seinem Brief und fügte neue hinzu. Ohrfeigen im Kreißsaal. Schikanen in der Ausbildung, besonders durch eine gewisse Frau Baumholder. Unterdrückung der Kritik. Die jungen Frauen würden gehalten, als seien sie Angehörige eines Mädchenpensionats in uralten Zeiten. Zugegeben, am härtesten treffe es Claudia. Aber warum, warum? Weil sie Parteimitglied ist? Weil sie sich nicht bereit fand zu kuschen, sondern sich mehrmals für die Belange der Studentinnen in ihrer Seminargruppe einsetzte? Obwohl selber Mutter, wurde mit ihr bis heute kein Förderungsvertrag abgeschlossen. Und selbst wenn sie bei ihrer, von ihm und Martina stets gebilligten moralischen Rigorosität übers Ziel hinausgeschossen sein sollte ... Wäre das denn ein Grund, sie unter Druck zu setzen? Wollen wir Heuchler erziehen, Duckmäuser oder denkende Menschen, denen die Gerechtigkeit über alles geht? Immerhin, sie wurde derart getriezt, traktiert, daß sie einen Nervenzusammenbruch erlitt. Deshalb sei er, Claus, sofort von Paris hierher, in die Heimat geeilt, habe er in der Unesco seine Arbeit im Stich lassen müssen. Und ob er denn, er, Genosse Junghans, das immer noch für eine *subjektivistische Extravaganz* seiner Tochter halte, wenn sie Tabletten schlucke ... »Hier aber«, und er deutete auf die Bogen Papier auf dem Tisch, »ist davon die Rede, daß die Studenten kommunistisch erzogen würden. Hier wird behauptet – ich zitiere –, es bilde sich im Verlaufe des Studiums ein hohes Maß an gegenseitigem Vertrauen bei der Bewältigung persönlicher Probleme heraus ... Die Erfahrungen meiner Tochter belegen das Gegenteil. Nein und nochmals nein! Ich will dir was sagen: Dieser Muff, erzeugt durch Administrieren und Reglementieren, diese Atmosphäre der Scheinheiligkeit – das ist der Boden, auf dem Verbitterung wächst, wodurch junge Menschen dazu getrieben werden, unsere Republik nicht mehr als die ihrige zu empfinden und ihr den Rücken zu kehren.«

»Du gehst entschieden zu weit«, protestierte der Sekretär, nun mit steifer, beleidigter Miene.

»Nein. Keinesfalls. Denn nicht du, sondern ich, wir vom diplomatischen Dienst werden dann früher oder später im Ausland damit konfrontiert.«

»So kommen wir keinen Schritt weiter.«

»Doch, doch. Die Dinge beim Namen nennen. Ihnen ins Auge sehen. Ehrlichkeit, unbedingte, kommunistische Ehrlichkeit uns selbst gegenüber. Nach diesem Wisch jedoch, dort ... Da kämpfe ich schon längst nicht mehr nur um meine Tochter.«

Eine kleine Pause trat ein. Junghans, indem er sich wieder zur Beherrschung zwang, kniff seine ohnehin schmalen Lippen zusammen, so daß sie jetzt wie ein Strich wirkten, der eine Rechnung beschließen wollte. Er überlegte, bevor er dann fragte: »Was also schlägst du vor?«

»Ich will sie selber sprechen, die Herrschaften – pardon –, die Genossen der Fachschule. Ich baue darauf, daß die Partei mir dabei hilft. Schließlich ist auch Claudia ihr Mitglied. Und ehe das nicht geschieht, ich schwöre es dir, kehre ich nach Paris nicht zurück.«

Es war eine Drohung, kein Zweifel. Junghans hätte sie ahnden müssen. Doch vielleicht überzeugte gerade sie ihn davon, daß Salzbach es mit allem, was er sagte, unheimlich ernst meinte.

Er ließ sich von seiner Sekretärin im Vorzimmer mit der Medizinischen Fachschule verbinden.

Claus folgte dem Gespräch am Telefon, konnte jedoch die Gegenseite nicht verstehen, hörte nur die Worte von Junghans, wobei einige Male auch sein Name genannt wurde.

Nachdem der Sekretär geendet hatte, kam er in die Sesselecke zurück und sagte: »Du hast Glück. Heute nachmittag berät die Schulleitung. Wenn du willst, gebe ich dir einen Genossen aus meiner Abteilung an die Seite und lasse dich hinfahren.«

Salzbach ging, und Rainer Junghans fühlte sich wie erlöst, nachdem er ihn auf diese doch immerhin recht elegante Weise abgeschüttelt hatte. Ohne Umschweife gab er es später zu. Ja, er sei durch ihn verunsichert worden, für den Rest des Tages jedenfalls, habe sich gefragt, ob er nicht schon betriebsblind sei, aber nein, ins Wanken habe er sich nicht bringen, ins Bockshorn von ihm nicht jagen lassen. Umgehend las er noch einmal den Bericht der Parteileitung, jetzt mit kritischeren Augen, fand nun ebenfalls diese und jene Formulierung phrasenhaft und abscheulich, doch hätte er wie Salzbach alles darin in Zweifel gezogen, wäre das dann nicht auch einer Bankrotterklärung seinerseits gleichgekommen, einem Eingeständnis, er selber habe mit seiner Arbeit nur die Oberfläche angekratzt? Das konnte doch wohl nicht wahr sein! Fast zehn Jahre übte er jetzt seine Funktion aus. Wie die Bereiche Volksbildung und Wissenschaft, so war ihm auch das Gesundheitswesen im Bezirk bis in alle Details vertraut. Und plötzlich schlich sich einer des Weges daher, völlig unbedarft, unbeleckt von den Verhältnissen hierzulande, und erkühnte sich, den Richter zu mimen, nur weil seine Tochter sich ein paar Schrammen an den Ecken und Kanten ihrer Berufsausbildung geholt hatte. Das aber gehörte doch zu den Erfahrungen eines jeden jungen Menschen. Auch er, Rainer Junghans, war davon nicht verschont geblieben, während seiner Lehre als Maschinenschlosser in einem volkseigenen Betrieb. Bei aller Achtung vor Salzbachs Namen, vor seiner Tätigkeit in Paris, wie Gott in Frankreich läßt es sich auch im Sozialismus noch nicht leben. Es gibt Konflikte, für die nicht die Gesellschaft, sondern jeder einzelne, das Individuum selber verantwortlich ist. Das hätte er ihm unter die Nase reiben sollen, und vielleicht wäre damit auch jener Claudia besser gedient gewesen.

Er hatte sich wieder gefaßt. Kopfschmerzen bereitete ihm nun nur noch die Tatsache, daß er Salzbach nicht persönlich in die Medizinische Fachschule begleitet hatte. Als ob ich es plötzlich geahnt hätte, sagte er, was sich dort abspielen würde. Mit einem Mal sah ich die Szenen schon bildlich vor mir, doch da war es zu spät ...

Auch wenn ihm Frau Baumholder nicht vorgestellt worden wäre, hätte Claus Salzbach sie, nach den Beschreibungen Claudias, unter den Anwesenden sofort herausgefunden. Blaßblaue, kalt blickende Augen ... Oder wirkten sie deshalb nur so, weil ihm die Frau schon von vornherein mit äußerster Reserviertheit, gar mit einer unverhohlenen, eisigen Ablehnung begegnete? Sie trug ihr dunkles, mit einer blond eingefärbten Strähne versehenes Haar kurzgeschnitten, im Nacken und an den Seiten modisch gestutzt, und steckte in einem enganliegenden Kostüm aus grauem Tweed. Als die Reihe an ihr war, ihn mit einem Händedruck zu begrüßen, reichte sie ihm nur flüchtig die Fingerspitzen. Da aber vermochte wohl auch er bereits seine Antipathie ihr gegenüber nicht mehr zu verbergen.

Nach einem hastig genossenen, noch in der Bezirkshauptstadt eingenommenen Mittagessen war er in Begleitung jenes Genossen, der ihn vor Tagen schon einmal empfangen hatte, pünktlich zu der Sitzung in W. angelangt. Die Angehörigen der Schulleitung allerdings saßen bereits in einem der zahlreichen Universitätsgebäude, um etliche in Hufeisenform aneinandergerückte Tische versammelt, und schienen nur noch auf seine Ankunft zu warten. Außer ihnen beiden, zählte er später, waren es neun Personen, wobei ihm nicht mehr bei allen deren Namen und die Ämter einfielen, die sie bekleideten. Die Baumholder, gewiß, die merkte er sich, denn um sie und ihn drehte sich bald der Streit, auch den Direktor der Schule, dessen Stellvertreterin und einen Professor, der zur Zeit die Funktion des Parteisekretärs im Medizinischen Bereich ausübte und im wesentlichen das Wort führte.

Er war es denn auch, der nach der Begrüßung und den ersten einleitenden Sätzen des Direktors sofort in medias res zu gehen bat. Dr. Salzbach solle ohne Umschweife sein Anliegen vortragen, damit die leidige Sache, die – wie er in seiner Beschwerde zum Ausdruck gebracht habe – ungerechte Behandlung seiner Tochter, zur Zufriedenheit aller aus der Welt geschafft würde. Man sei sich durchaus im klaren, sagte er, daß man einen solchen Vorwurf gegenüber dem Lehrkörper, kundgetan von einem so hochgeachteten Repräsentanten im Staatsdienst, gleich, ob er berechtigt sei oder nicht, jedenfalls nicht unerledigt lassen könne. Andererseits aber bitte er auch ihn, Dr. Salzbach, sich dessen bewußt zu sein: Allein seinetwegen, eben in Honorierung seiner verantwortungsvollen Tätigkeit zum Wohle der Republik, habe man sich für diesen ganz und gar außergewöhnlichen Schritt entschieden, nämlich ihm hier und heute Gelegenheit zu geben, persönlich vorzusprechen. »Ansonsten hingegen«, schloß er in leicht dozierendem Ton, »ist es üblich bei uns, mehr noch, ist es unsere Methode, von den Studierenden Eigeninitiative zu fordern. Wir wollen sie prinzipiell dahingehend ermutigen, sich endlich erwachsen zu fühlen, was inklusive heißt, daß sie sich vom Elternhaus abnabeln und selber Manns genug sind, ihre Probleme, seien sie nun auf den Lernprozeß gerichtet oder von anderer, etwa rein menschlicher Natur, dort anzubringen, wo sie hingehören, bei den dafür gottlob zuständigen Stellen der Alma mater. Meines Wissens, verehrter Doktor, ist daran noch niemand gestorben, wurde deswegen noch keinem, erst recht nicht von den hier Anwesenden, der Kopf abgerissen.«

Der Professor lächelte. In Claus Salzbachs Ohren aber war es dasselbe. Ob Junghans, der Sekretär, oder Schillert, dieser Arzt – ihm klang es, als würden seine Tochter und er verhöhnt.

Er blieb jedoch ruhig und versuchte zunächst noch einmal, mit dem Bemühen um größte Sachlichkeit, Claudias Fall darzustellen, das Geschehen um sie zu schildern, bereits vom ersten Tage an, als sie zum Aufnahmegespräch in die Schule gebeten worden war. Hatte man ihr da nicht schon als Makel angekreidet, daß sie Mutter war, und ihr auf nahezu brutale Weise zu verstehen gegeben, sie könne nur dann zum Studium zugelassen werden, wenn sie jemanden finde, der sich statt ihrer um ihr Kind kümmere? Sie sei überaltert, habe es geheißen, obgleich, wie sich bald zeigte, andere Bewerberinnen ihr noch einige

Jahre voraushatten. Sie wohne als einzige in W., was übrigens ebenfalls nicht stimme, und bleibe somit von vornherein, da die anderen ins Internat zögen, vom Kollektiv ausgeschlossen, eine Außenseiterin. Was für eine Blasphemie!, und wieso, frage er grundsätzlich, sei eine solche Bagatelle, wo einer zu Haus ist, überhaupt von Bedeutung dafür, ob er studieren dürfe oder nicht? Schließlich der ständige Vorwurf, daß es seiner Tochter nur deshalb gestattet würde, sich als Hebamme ausbilden zu lassen, weil er, ihr Vater, dahinterstecke, er seine Beziehungen in die Waagschale geworfen habe. Ja, das allerdings leugne er nicht. Dazu bekenne er sich. »Doch mindestens die Hälfte von den achtzehn Mädchen in Claudias Seminargruppe«, sagte er, »ist nicht anders zum Studium gekommen: durch – Beziehungen. Die meisten von ihnen haben einen Arzt in der Familie, als Vater oder Mutter. Auch die besaßen ihren heißen Draht zur Aufnahmekommission, und bei dieser oder jener hat sich wohl auch die Kirche, die evangelische und die katholische, recht stark gemacht. Leider, ich betone: leider, scheint es also die Regel zu sein, Beziehungen walten zu lassen, will jemand einen anspruchsvolleren medizinischen Beruf ergreifen. *Das* ist die Wahrheit.«

Man hatte ihn mehrmals zu unterbrechen versucht, war ihm ins Wort gefallen, doch er hatte sich streng dagegen verwahrt. Besonders die stellvertretende Schuldirektorin, zuständig für Studentenangelegenheiten, jene, die nach Claudias Aussage während des Aufnahmegesprächs kaum einen Satz über die Lippen gebracht hatte, gab sich voll heller Empörung. So sei das alles nicht gewesen. Eine Verzerrung ohnegleichen sei es, eine Verleumdung. Frau Baumholder hingegen saß zusammengeduckt am Tisch, starrte kalt und abweisend vor sich hin, äußerte sich aber nicht, sondern überließ es ihrer Kollegin, sie zu verteidigen, und seufzte nur manchmal wie leidend.

Jetzt sagte Claus: »Und dann die Schikanen. Im Unterricht und im Kreißsaal. Ich will Ihnen sagen, wie ich die Dinge beurteile. Von wegen Eigeninitiative, Herr Professor! Im Gegenteil! Gewisse Ausbilder verhalten sich eben *nicht* so, als hätten sie Erwachsene vor sich, junge Menschen mit einem eigenen Kopf zum Denken. Nachplapperer brauchen sie, Schmeichler und Kratzfüßler. Die genießen das höchste Ansehen. Sie aber als Parteisekretär . . . Ist nicht in einer Ihrer Versammlungen Claudia aufgestanden, um Sie und alle Genossen – und zwar mit dem tiefsten Vertrauen zu Ihnen – darüber zu informieren, daß im Kreißsaal eine Schülerin geohrfeigt wurde, weil sie . . .«

»Aber, aber, lieber Doktor . . .« Schillert blinzelte belustigt durch seine Brille und schmunzelte, ein wenig Überlegenheit herauskehrend. »Der Elan der Jugend in allen Ehren. Doch das war wohl seitens Ihrer Tochter eine recht krasse Übertreibung. Überhaupt, will mir scheinen, liebt sie es zu dramatisieren. Könnte es denn nicht ganz anders gewesen sein? Beispielsweise so, daß es sich bei der Ohrfeige, wie sie es nennt, lediglich um einen freundschaftlichen Klaps handelte, um die Betreffende aufzumuntern? Um ein Streicheln auf der Wange sozusagen, damit sie den Mut nicht verliert?«

»Ich verstehe Sie nicht. Nicht, warum Sie den Spieß stets umzudrehen versuchen und jede Tatsache in ihr Gegenteil verkehren wollen. Ich jedenfalls vertraue meiner Tochter.«

»Das ist Ihr gutes Recht.«

»Ich kann mich des Eindrucks nicht erwehren, daß jede Kritik, sobald sie von Studenten kommt, abgewürgt wird. Die Schule mag sich dergleichen noch leisten können. In der Partei hingegen . . .«

Das Protokoll bietet Auskunft. Ein Wort muß daraufhin das andere ergeben haben, und Salzbachs Zorn wuchs. Er stieg von Minute zu Minute, je mehr Claus sich allein gelassen fühlte, auch bei dem Manne von der Bezirksleitung keine Unterstützung fand und sich vorkam, als redete er gegen eine Wand an von versteinerten, sich pikiert zeigenden Gesichtern.

Vor allem war es Frau Baumholder, deren Verhalten ihn mehr und mehr aufbrachte. Sie schwieg, sosehr er sich auch mühte, sie herauszufordern, sie mit ihren Handlungsweisen, wie von Claudia geschildert, konfrontierte, überhäufte, ja, belastete und darüber Rechenschaft von ihr verlangte. Immer heftiger sprach er, gereizter, da er auf keinen seiner Anwürfe ein Echo vernahm, und so trieb er sie auch auf die Spitze, indem er nur noch aufzuzählen begann, was alles aufzuzählen sich anbot: Ob sie nicht sogar die leitende Hebamme, Frau Huldig, auf recht hinterhältige Art, äußerst infam dazu angestachelt habe, seine Tochter besonders hart anzupacken, weil sie angeblich auf seine, Claus Salzbachs, Kosten lebe und mit seinem Namen hausieren gehe. In der gesamten Schule, sowohl bei den Studenten als auch bei den Lehrern, sei es ein offenes Geheimnis, pfiffen es die Spatzen von den Dächern, daß sie ihr unterstellten, ihr unbequemen Kollegen nachspioniere. Während die unterrichteten, beziehe sie Horchposten an den Türen der Klassenräume und gucke durch die Schlüssellöcher. Zwei Dozenten, und zwar beide Parteimitglieder wie sie, hätten auf Grund solcher und ähnlicher Bespitzelungen durch sie im letzten Jahr erst gekündigt. Ohne jede Absprache vorher, völlig eigenmächtig, habe sie neulich sämtlichen Studentinnen, die übers Wochenende nach Haus in ihre Heimatorte hatten fahren wollen, befohlen, in W. zu bleiben und ihren Eltern diesbezügliche Telegramme zuzuschicken, und den Mädchen einen Subbotnik verordnet. In dem Altersheim jedoch, wo der freiwillige – und was für ein beschämendes Wort in diesem Zusammenhang – Arbeitseinsatz stattfinden sollte, war davon nichts bekannt, hatte man ihrer nicht bedurft und sie kurzerhand abgewimmelt. Trotzdem, zwei Studentinnen, die ihrer Order nicht nachgekommen waren, hatte sie am folgenden Wochenende, zur Strafe sozusagen und unter Androhung der Relegation, den Subbotnik in einer Nervenheilanstalt nachholen lassen ... So verlor er sich, in Fakten über Fakten, und schließlich fragte er, ob das alles noch mit kommunistischer Erziehung zu tun habe oder nicht eher dazu beschaffen sei, die Ideale des Kommunismus in Verruf zu bringen und sie den Jugendlichen gründlich zu vergällen. Nein, sie gab keine Antwort. Sie ließ sich zu keiner Erklärung herab, schwieg nur und schwieg.

»Nun aber, bitte, lassen Sie's endlich genug sein, verehrter Doktor«, mischte Professor Schillert sich ein, als Claus Salzbach, außer Atem geraten durch seine Rede und schon konsterniert angesichts der offenbar stoischen Ruhe der Frau Baumholder, eine Pause einlegte und vergeblich auf eine Erwiderung wartete. »Begreifen Sie denn nicht, daß hier niemand gewillt ist, Ihren Intuitionen, Ihren fixen Ideen noch länger zu folgen?«

»Ja, ich sehe, es hat keinen Sinn. Doch nehmen Sie eines noch mit auf den Weg: Meine Frau und ich ... Wenn wir zwanzig Jahre gebraucht haben, um unsere Tochter für die Partei zu gewinnen, Sie aber an dieser Schule in zwanzig Wochen nichts weiter vermochten, als sie dahin zu bringen, daß sie wieder austreten will ... Dann, meine Herren, ist etwas faul in Ihrem Bereich. Sie werden sich denken können: Ich werde dem nicht tatenlos zusehen. Und was jene überaus schweigsame, wohl mit keinem Funken Herzenswärme ausgestattete Frau Baumholder betrifft – wobei ich dankbar bin, sie bei Ihnen aus eigener Anschauung erlebt zu haben –, so werde ich mich an die Parteikontrollkommission wenden. Die Sache muß untersucht werden. Und ich sage Ihnen, für mich gilt nur noch eine Alternative: entweder sie oder ich ...«

Brüsk stand er auf und verabschiedete sich, wobei er nicht versäumte, jedem wieder die Hand zu reichen, was ihm, wenngleich von einigen nur zögernd, erwidert wurde. Frau Baumholder jedoch würdigte er keines Blickes.

Entweder sie oder ich! – Diese letzten Worte Salzbachs, vorgebracht im Stile eines Ultimatums, erregten noch lange die Gemüter und veranlaßten schließlich auch Schillert, wie man von ihm weiß, die Genossin Baumholder sofort nach der Sitzung um ein Gespräch unter vier Augen zu bitten.

»Ein starker Tobak, nicht wahr?« sagte er. »Wie Sie sicherlich bemerkt haben, versuchte ich mich ständig schützend vor Sie hinzustellen. Doch Sie, meine Liebe, machten es mir wahrlich nicht leicht. Ihr Schweigen, das glich ja bereits einem halben Schuldbekenntnis. Der Mann ist doch zu allem fähig. In seiner Wut kennt er keine Grenzen, verletzt sogar die primitivsten Regeln allen Takts. Was aber hat es denn nun mit seinen Vorwürfen gegen Sie wirklich für eine Bewandtnis. Ich hoffe, Sie sind nicht auch mir gram, wenn ich Sie danach frage. Als Ihr Parteisekretär muß ich gegen alles, was da noch auf uns zukommt, gewappnet sein.«

Ein Bild des Jammers sei sie gewesen, schilderte er seinen Eindruck von ihr, und es habe erst mehrmaliger Ermunterungen seinerseits bedurft, ehe sie sich zu einer Darlegung der strittigen Sache aus ihrer Sicht aufgerafft habe.

Nein, sie sei sich keiner Schuld bewußt. Immer habe sie nur nach bestem Wissen und Gewissen gehandelt, getreu ihrem Lehrauftrag, eingedenk stets der hohen Verantwortung, die sie mit ihrer Funktion übernommen habe. »Glauben Sie mir, Genosse Professor, ich bin ganz einfach sprachlos. Dergleichen ist mir noch nie begegnet. Im Gegenteil. Nicht ohne Stolz kann unsere Schule darauf verweisen, unter ihresgleichen als ein beispielhaftes Muster für sozialistische Erziehung von medizinischem Personal zu gelten. Besonders die Hebammen, die bei uns bis zum Examen geführt werden, genießen überall in der Republik einen hervorragenden Ruf. Also müssen sich unsere Methoden doch wohl bewährt haben, oder nicht? Natürlich legen wir größten Wert auf Disziplin, denn je strenger die Ausbildung, desto präziser arbeiten später unsere Absolventinnen in der Praxis, in ihrem Beruf. Darüber allerdings, was im Unterricht oder im Kreißsaal gut und nützlich für sie ist, können die Schülerinnen selber am allerwenigsten befinden. Die klagen immer, murren schon aus geringstem Anlaß, bei jeder Forderung, die aus dem Rahmen fällt und nicht in ihren engen Gesichtskreis paßt. Sie aber sind ja noch Lernende. Und vergißt man das nur einmal als Lehrer, gibt man nach, läßt ihnen gegenüber nur einmal die Zügel schleifen, gehen sie durch wie die jungen Pferde. Claudia Salzbach bildet dabei keine Ausnahme. Ich kenne sie, o ja, das können Sie mir glauben. Denn was für Tänze habe ich mit ihr schon hinter mir. Ihre Hochfahrendheit, Überheblichkeit ... Sogar vor uns, ihren Dozenten und Ausbildern, läßt sie jeden Respekt vermissen. Und fragen Sie mich, woher das rührt ... Der Apfel fällt nicht weit vom Stamme. Hier, soeben, vor einer Stunde konnten Sie sich doch selbst davon überzeugen. Das zeigte sich bereits, als sie mir beim Eignungsgespräch gegenübersaß. War es denn nicht meine Pflicht, ihr mit aller Deutlichkeit vor Augen zu halten, wie schwer es für sie würde zu studieren, wenn sie ein Kind im Gepäck hat? Jetzt aber wird mir meine Gutmütigkeit, meine Warnung vor den Konsequenzen ihrer Berufswahl ausgelegt, als sei ich von vornherein gegen sie voreingenommen gewesen. Was mir damals lediglich mißfiel, war, daß sie nicht zu jenen Bewerberinnen gehörte, die wir für gewöhnlich immatrikulieren: Abgängerinnen der Zehnklassenschule, Sechzehnjährige. Sie hingegen, nach Abbruch bereits eines anderen Studiums, verdankte es nur ihrem Vater, der sie mit Druck zu uns schickte. Auf seine Kosten reiste sie, mit seiner Autorität im Rücken glaubte sie, sich Sonderrechte anmaßen zu können. Seit ihrem Erscheinen, Genosse Professor, ist Unruhe bei uns eingezogen. Die Mädchen spielen verrückt. Sie verhalten sich, als hätten sie schon das halbe Leben hinter sich und bräuchten sich nicht mehr unseren Anweisungen zu fügen. Die Kükken, wie man zu sagen pflegt, dünken sich klüger als die Hennen. Nehmen Sie nur die Unterschriftensammlung vor einem Jahr. Ich bin mir durchaus nicht sicher, ob nicht dahinter Claudia Salzbach steckte, sie zumindest geistig die Anstifterin war und sich die anderen nur von ihr nötigen ließen. War es nicht eine Frechheit, wie sie danach in unserer Parteigruppe auftrat? Auch die Änderung ihres Namens nach der Scheidung wieder in Salzbach. Ich kann mir nicht helfen ... Damit wollte sie doch nur in Erinnerung bringen, wen sie zum Vater hat. Was aber vermag denn noch ich dagegen zu tun? Nichts, nichts. Salzbach hat den längeren Arm. Und ich muß mich beleidigen lassen und – schweigen ...«

So etwa habe es geklungen, war von Schillert zu hören, als sie sich ihm anvertraut hatte. Das Taschentuch sei dabei das am meisten von ihr benutzte Utensil gewesen. Und dann habe er ihr geraten, den Spieß umzudrehen und sich höheren Orts selber über Claus Salzbach zu beschweren.

Nach diesem Aufritt ihres Vaters in der Schulleitung war Claudias Situation nicht im geringsten gebessert, im Gegenteil, sie schien verfahrener zu sein denn je. Es hatte zu nichts geführt, weder zu einem Ergebnis, wie von Claus Salzbach erhofft, noch zu irgendeiner Art Gentleman's Agreement, zu einem Entgegenkommen wenigstens. Er gab sich darüber keinen Illusionen hin, empfand sein Verhalten schon Stunden später wie eine Demarche, die mißlungen war – und sein Urlaub lief ihm davon. Nur noch wenige

Tage verblieben, bis ihn sein außenpolitisches Amt wieder in die Pflicht nehmen und nach Paris zurückrufen würde.

Nein, begann es sich plötzlich in ihm zu sträuben, nein!, so leicht lass' ich mich nicht aus dem Felde schlagen. Schon wenn er ans Kofferpacken dachte, fühlte er sich, als bereite er seine Flucht vor. Er sah die abweisenden, sich in vereinter Empörung gegen ihn verschwörenden, zu einer breiigen Masse zerrinnenden Gesichter vor sich, vernahm wie im Nachhall noch einmal die selbstgerechten, arroganten Sprüche des Professors, hörte sogar, als habe es lautstärker als alles andere den Streit übertönt, das Schweigen der Frau Baumholder und erinnerte sich ihrer blaßblauen, seelenlosen Augen. Und trotzdem, dachte er, vielleicht hatte sein Auftritt in dieser Gesellschaft *ein* Ergebnis dennoch bewirkt: Zum ersten Mal, fand er für sich selber, war ihm mit aller Deutlichkeit klargeworden, und zwar ohne jeden Zweifel noch, daß Claudias Hilferuf nicht nur einer Laune entsprungen war, einer schwachen Stunde ihrer Empfindsamkeit. Nichts hielt er daher für notwendiger jetzt als seine Anwesenheit hier, sein unbedingtes Verbleiben, um ihr jederzeit beistehen zu können.

Claus Salzbach stellte sich vor, nicht er hätte um diese Aussprache gebeten, sondern ein anderer, einer der Väter jener Mädchen in Claudias Seminargruppe, die aus der Arbeiterklasse stammen, ein Mann, der nicht dieselbe öffentliche Anerkennung genoß wie er. Wäre er denn in dieser galligen Runde überhaupt zu Wort gekommen? Hätte man ihm nicht von vornherein die Gelegenheit dazu verweigert, ihn gar nicht erst eingeladen? Sein Schwiegervater fiel ihm ein, Albert Dennewitz. Trotz all seiner Verdienste, in den Keramischen Werken, im Widerstand gegen die Nazis und beim Aufbau des Sozialismus, hier hätten sie nichts gegolten. Wie klang es doch gleich im Tone seiner Verbitterung? Wenn ich mir überlege, daß ich dafür gekämpft hab ... Daß unsere Kinder jetzt wieder leiden müssen wie in alten Zeiten, die Heuchelei regiert und die Herzlosigkeit, Bürokraten, Karrieristen das Sagen haben ... Mit dem Knüppel könnt' ich dazwischenschlagen ... Nein, nie und nimmer wäre er dem redegewandten Geprassel von Schillert gewachsen gewesen, und auch die Baumholder, war Claus überzeugt, hätte sich ihm gegenüber nicht in ihr undurchdringliches Schweigen gehüllt. Wie viele solcher Fälle mochte es schon gegeben haben, in denen Eltern wie er versucht hatten, sich ihrer Töchter anzunehmen, ohne daß sie jedoch gehört worden wären? Er wußte es nicht, konnte es nicht beweisen. Doch dieser Frage, schwor er sich, würde er ebenfalls nachgehen müssen.

An das Außenministerium schickte er ein Telegramm folgenden Inhalts: Bin auf Grund der Klärung dringender Familienangelegenheiten verhindert, zum geforderten Termin meinen Dienst in der UNESCO anzutreten. Bitte um Bestätigung ...

War ihm denn aber nicht klar, was in Paris auf ihn wartete? Was konnte wichtiger sein, fragte sich daraufhin dieser und jener, der ihn bisher als einen von Pflichteifer beseelten, in seiner Treue zur Republik über jede Kritik erhabenen Diplomaten kannte, als sein Auftrag demnächst, nach Nikaragua zu reisen?

Abgesehen davon, daß in seinem Safe auch noch die Unterlagen der Erledigung harrten, die er über die heimtückischen Pläne einiger kapitalistischer Staaten gesammelt hatte, für ihre Medien die Nachrichtenpolitik über die Länder der dritten Welt zu monopolisieren, ließ jedoch gerade der Gedanke an Nikaragua Claus Salzbach nicht zur Ruhe kommen. Er wühlte ihn auf, in einem ganz anderen Sinn allerdings, als von Außenstehenden zu dieser Zeit vermutet werden konnte.

Die seit Monaten bereits in Aussicht gestellte Reise sollte ihn nach Jinotepe führen, einer Provinzstadt südlich von Managua, vor dem Isthmus zum Stillen Ozean gelegen. Er kannte diesen Ort, und in gewisser Weise war er für ihn zur Stätte eines seiner größten Erfolgserlebnisse geworden. Alte Freunde würde er dort wiedertreffen, Fernando Cardenal, den Erziehungsminister der sandinistischen Regierung, aber auch Menschen – und er erinnerte sich noch genau ihrer Namen – wie den grauhaarigen Bauingenieur Augustin Montenegro, Maria Helena, die hübsche Mulattin, eine außerordentlich kluge und liebenswerte Heimleiterin, Leon Ramos, den pfiffigen Burschen, der jetzt schon studieren müßte, Carmen

Mairena, damals noch Lehrling, einundzwanzig Jahre, die sich zum Lehrmeister hatte qualifizieren wollen. Was war inzwischen aus ihnen geworden? Was auch aus den Kindern von Nikaragua, dem achtjährigen Ricardo und der fünfjährigen, sich nie von ihrer Puppe aus Sonneberg trennenden Cindia, Vollwaisen beide? Ihre Eltern waren kurz vor seinem letzten Besuch, nur wenige Wochen nach dem Tod Martinas, nahe der Grenze zu Honduras auf dem Weg in die Kaffeeplantagen von konterrevolutionären Banden ermordet worden.

In Jinotepe hatte die Deutsche Demokratische Republik ein Zentrum für Berufsausbildung erbaut, das den Namen »Ernst Thälmann« trug und an dessen Einweihung Claus Salzbach teilgenommen hatte. In seinem Gepäck brachte er damals symbolisch einige Exemplare der rund dreieinhalb Millionen Schulbücher mit, in der Heimat gedruckt und für den Unterricht von der ersten bis zur dritten Klasse bestimmt, mit denen die Republik ihre Solidarität im Kampf gegen das Analphabetentum bekundete. Ihm traten noch jetzt Tränen in die Augen, dachte er daran zurück, an das Heim in Managua mit seinen Ninos Huertanos de Guerra, den über dreihundert Kriegswaisen, an ihr Geschrei, ihre Freudenausbrüche, ihren Übermut trotz allem, was sie an Schrecklichem bereits erlebt hatten, bei dieser Geste, als er ihnen die Bücher zum Erlernen der spanischen Sprache und mathematischer Grundkenntnisse überreichte ...

Mein Gott, knirschte er durch die Zähne, und was geschieht zu Hause, hier, in demselben Land, das auf so beeindruckende Weise alle Not, die körperliche wie die geistige, dort im fernen Nikaragua zu lindern sucht? Wir bauen Krankenhäuser für die zu Krüppeln geschossenen Opfer des nationalen Befreiungskrieges, spenden in Millionenhöhe Lehrmaterialien für die Geschändeten und Geplagten, damit sie sich endlich auch ihrer eigenen menschlichen Würde bewußt werden. Was aber tun wir für *unsere* Bürger, *unsere* Söhne und Töchter? Womit, mit welchen Demütigungen und Schmerzen entlassen wir sie in unsere eigene Wohnung?

Leon Ramos hatte ihm damals gesagt: Leider bin ich nur zwei Jahre zur Schule gegangen. Trotzdem habe ich selber herausgefunden, wie ein Taschenrechner funktioniert. Jetzt will ich das studieren. Joana Garcia, die Indianerin, mit ihrer jüngsten Tochter auf dem Arm: Ich wünsche mir einen Mann, der immer zu mir hält. Ich möchte mich sehr gern weiterbilden, und meine drei Kinder sollen gute Lehrer bekommen. Segundo Castro, Politoffizier in der Armee: Einen akademischen Grad will ich erwerben und helfen, daß wir mehr Schulen, Krankenhäuser und Wohnungen bauen. Cristian Torrez, zusammen mit seiner Frau, Student, das Gewehr über der Schulter: Wir freuen uns auf unser zweites Kind. Sie werden beide in einem sandinistischen Nikaragua leben. Augustin Montenegro: Ich will, daß nicht jeder für sich arbeitet, sondern alle gemeinsam. In diesem revolutionären Sinne erziehe ich meine Kinder. Fernando Cardenal: Unsere Berufsausbildung müssen wir so organisieren wie im Zentrum »Ernst Thälmann« in Jinotepe. Für diese Unterstützung, Dr. Salzbach, möchte ich Ihnen und Ihrem Land im Namen unseres gesamten Volkes aufs herzlichste danken . . .

Auch ohne die Tagebuchnotizen, die er im Schreibtisch seiner Pariser Wohnung verwahrte, kamen ihm wieder die Wünsche und Hoffnungen der Leute in den Sinn, denen er damals begegnet war. Er fühlte sich erneut in das Land versetzt, das ihm, ausgenommen nur Vietnam, wie kein anderes ans Herz gewachsen war.

Maria Helena, nachdem er in dem Waisenheim, das sie leitete, den Kindern die Bücher übergeben hatte, bat ihn, sie in ihr Elternhaus zu begleiten. Er würde damit, sagte sie, ihrer kranken Mutter eine besondere Freude bereiten.

Claus stimmte zu.

Die Hütte, nur zum Teil mit Ziegeln, dagegen vorwiegend mit einer dicken Schicht strohiger Palmwedel gedeckt, lag in einer staubigen Straße eines Außenbezirks von Managua. So ärmlich ihre Vorderfront wirkte, nach hinten hinaus dehnte sich eine ansehnliche, fest aus Lehm gestampfte Terrasse. Sie war von Rosenbeeten eingefaßt, und in dem angrenzenden Garten wuchsen neben allerlei Gemüse ein paar Zitrusbäume und Flamboyants, deren handtellergroße Blüten feuerrot leuchteten. Bevor die Dunkelheit hereinbrach, ließen darin schwefelgelb gefiederte Tyrannen ihre Rufe erklingen. Obwohl sie recht zänkisch anmuteten, hörten sie sich doch an wie Kiss me, dear – Küß mich, Liebling. Ein türkisblauer Federwisch, angestrahlt vom Licht der versinkenden Sonne, flog funkelnd vorüber, offenbar ein Zuckervogel, der sich hierher verirrt hatte. Im hügeligen Ödland dahinter standen silhouettenhaft schwarz buschige Agaven und hochstämmige Palmen vor dem violettblauen Himmel. Der Abend schien gemacht aus der friedvollsten Stimmung.

Doch bald drängte sich auch in sie die unmittelbare, rauhe Gegenwart wieder ein. Marias Mutter, ja, sie überbot sich an Gastfreundschaft. Nicht älter als fünfzig, umrahmte ihr dunkles Gesicht bereits silbergraues Haar. Sie war an den Rollstuhl gefesselt, und Claus Salzbach erfuhr, wie sie zu ihrem Leiden gekommen war. Schon vor Jahren hatte sie ihren Mann, bei einer Razzia hier im Viertel vor dem Haus erschossen, verloren und noch in den letzten Tagen der Diktatur Somozas auch ihre beiden Söhne, nachdem sie in die Stadtguerilla gegangen und nach einem Feuergefecht schwer verwundet in Gefangenschaft geraten waren. Nie wieder hatte sie etwas von ihnen gehört, verschleppt, ermordet, und irgendwo lagen sie nun verscharrt. Auch sie war verhaftet und gefoltert worden, weil das Militär nach ihrer Tochter gesucht hatte, Maria Helena. Sie aber weilte bereits in den Bergen, hatte sich den Sandinisten angeschlossen, und die Mutter schwieg. Trotz der Elektroschocks und Schläge, der Stiefeltritte in den Leib, in den Rücken. Seitdem waren ihre Beine gelähmt. »Aber«, so sagte sie, »ich bin dennoch glücklich. Glücklich, daß ich das alles noch erleben kann.«

Mit schnellen Bewegungen, sich flink mit den Händen an den Griffkränzen der Räder abstoßend, huschte sie zwischen der Terrasse und der Küche hin und her. Auf ihren Oberschenkeln das Tablett balancierend, servierte sie Getränke, Limonade aus Passionsfrüchten, und ein mit Chilis scharf gewürztes Gericht aus geschmortem Schweinefleisch, schwarzen Bohnen und jungem Mais und wehrte sich jedesmal energisch, wenn ihre Tochter oder gar Claus ihr helfen wollten.

»Ihr habt eure Zukunft schon begonnen«, sagte Maria Helena. Ihre Haut hatte einen zimtbraunen Glanz, und in ihren Augen sprang ein Glühen an, wobei Claus nicht wußte, ob es vom Widerschein des Mondlichts herrührte oder von einer inneren Erregung. »Aber wir – wir werden euch folgen. Bitte, erzähl, Kamerad, wie habt ihr euch befreit? Wie ist das jetzt mit eurem Schulsystem? Wie geht es euren Frauen?«

Sie stellte Fragen über Fragen. Sie war so versessen darauf, von ihm immer wieder Auskünfte über die, wie sie meinte, *neue Welt* bei ihm daheim zu hören, daß es ihm durch und durch ging und er, wollte er wahrheitsgetreu berichten, manchmal zögerte, um die richtigen Worte zu finden und sie dennoch nicht zu enttäuschen.

»Unsere Ideale«, entgegnete er, diplomatisch,

»sind bei weitem noch nicht verwirklicht. Wir strengen uns an ... Und natürlich, nicht nur die Kommunisten, sondern auch viele andere wissen wir dabei auf unserer Seite ...«

»Warum ... Warum denn nicht alle?«

»Sehen Sie, Maria Helena ... Eine neue Gesellschaft aufzubauen ... Dazu bedarf es mehr als nur fünfunddreißig Jahre Volksmacht. Wir müssen – letztendlich – ein ganzes Jahrtausend überwinden, in dem der Mensch durch den Menschen unterdrückt wurde ...«

Ausflüchte? Nein. Aber Allgemeinplätze – ja, auch das räumte er ein. Was ihn jedoch an diesem Gespräch am meisten beunruhigte, war, daß er es mit einer überzeugten Sandinistin zu tun hatte. Sie war Psychologin, trug höchste Verantwortung für ein Heim elternloser Kinder, hatte sich als Studentin, wofür einst die gesamte Familie gespart, zur Befreiungsfront durchgeschlagen und mit der Waffe in der Hand gegen Somoza und seine Horden gekämpft. Jetzt gab sie sich mit keinem seiner Worte zufrieden, denn sie wollte Wissen verbreiten und daher selber wissen, mehr und immer nur mehr darüber, wie die Welt beschaffen sei, für die sie, bis heute, ihr Leben einsetzte und die sie fern in seiner Heimat bereits vermutete.

Was sollte er ihr darauf erwidern? Ohne zu stottern?

Sie kam ihm zuvor, indem sie aus der Hütte ein Buch holte und Zeilen aus einem Gedicht daraus vorlas. Später schenkte sie ihm den Band.

Er stand seitdem an bevorzugter Stelle in seiner Bibliothek. Orakel über Managua:

Revolution bedeutet, die Wirklichkeit zu verändern.
Es ist Selbstmord, sie nicht zu machen, sagtest du den Freunden
im Café La India ...
Darum gabst du dein Leben
auf dem fünften Planeten eines mittelgroßen Sterns der Milchstraße ...
Eine neue Gesellschaft,
ein neuer Himmel und eine neue Erde,
auch Produktion von Freizeit
und mit der Entwicklung der Produktionskapazität
die Entwicklung des inneren Lebens,
ein neuer Mensch und ein neues Lied –
dafür starbst du in der Stadtguerilla,
ein neuer Mensch, der neue Träume träumt ...

Marias Mutter nickte. Still saß sie in ihrem Rollstuhl. Sie lauschte den Worten ihrer Tochter. Und erst, als sie längst verklungen waren, brach sie das Schweigen und seufzte: »Es hat sich gelohnt ...«

Claus Salzbach erschrak. Jetzt, nach diesen zwei Jahren inzwischen, da ihm die Szene wieder deutlich vor Augen trat. Er hatte sich schon damals schwer getan mit seinen Antworten gegenüber Maria Helena, hatte gezögert, stockend nach Erklärungen gesucht, und war doch noch nicht einmal von jenen Erfahrungen betroffen gewesen, die er um Claudias willen in letzter Zeit so bitter an sich selbst hatte wahrnehmen müssen. Was würde er ihr heute sagen? Wenn erneut von ihm Rechenschaft gefordert würde, er ein Urteil fällen müßte über das geistige Klima, über den Umgang mit jungen Menschen an den Bildungsstätten in Managua und Jinotepe und der Universität in W.? Wenn er abzuwägen hätte zwischen dem Auftreten von Professor Schillert und Frau Baumholder und dem Maria Helenas in jener Mondnacht?

Er wollte dennoch gerecht sein und fragte sich, wieso diese Frau zu dem geworden war, was sie nun abgab. Schweigen verbreitend und kalt, ohne Rührung offenbar, ohne menschliche Wärme, nicht einmal um ein Verhältnis zu ihren Schülerinnen bemüht, das von gegenseitigem Vertrauen geprägt wäre. Hätte sie als Erzieherin denn jemals eine Chance bei den Waisenkindern aus den Nordprovinzen, die von Maria Helena betreut wurden? Und wer oder was hatte sie dazu gemacht?

Wie sich bald zeigen sollte, belegt durch die Kaderakte, fanden sich wenigstens Ansätze zu einer Antwort darauf in den unterschiedlichsten Stationen ihres Lebens. Claus Salzbach allerdings erhielt nie davon Kenntnis, und so irrte er noch lange durch das Gestrüpp seiner Mutmaßungen.

Er erfuhr nur, bevor er sich nun immer wütender in seinen Kampf um Claudia stürzte, daß sich Frau Baumholder sofort nach dem Gespräch in der Schulleitung in ärztliche Behandlung begeben hatte und krank gemeldet war.

Claudia schöpfte wieder Mut. Sie sah, mit welcher Entschlossenheit ihr Vater für sie eintrat, hatte von ihm vernommen, nicht ohne darüber Genugtuung zu empfinden, wie die Baumholder auch auf ihn gewirkt und es nicht einmal gewagt hatte, sich gegen seine Vorwürfe zur Wehr zu setzen, und fühlte sich bestätigt. Jetzt würde ihr zu ihrem Recht verholfen. Und so fuhr sie auch nicht mehr Tag für Tag, zumal sie ihren Dienst in der Klinik bereits in aller Frühe beginnen mußte, nach Wellaune, zu den Großeltern, sondern bezog wieder ihre Wohnung im Neubauviertel von W., die ihr nach der Scheidung vom Gericht zugesprochen worden war. Sie brachte Glanz in ihre zweieinhalb Zimmer mit Küche und Bad, da ihre Krankheit sie lange daran gehindert hatte, besorgte die Hausordnung und widmete sich abends in aller Ruhe dem Studium der Lehrbücher.

Manchmal hörte sie Musik, unabhängig jetzt von ihrer Stimmung, Klassik und Pop, Mozart und Gruppen mit dem neusten modischen Sound, von Platten, die ihr Vater für sie in Paris gekauft hatte. Den Farbfernseher hatte sie bei der Gütertrennung Wenzel überlassen, obwohl er, ein Geschenk ihrer Eltern zum erfolgreich bestandenen Abitur, wie die meisten über den Kredit hinaus in die Ehe eingebrachten Möbel ihrem Anteil entstammte. Seinetwegen hatten sie eine

Art Tauschgeschäft abgeschlossen, und dachte sie daran, was nicht ausblieb, sobald sie seinen früheren Platz, den gähnenden Hohlraum in der Schrankwand, erblickte, kamen ihr die Jahre mit Crispin erst recht völlig vertan und sinnlos vor.

Ja, jetzt bereute sie, daß sie damals nicht dem Rat ihrer Eltern gefolgt war. Vor allem ihr Vater hatte sie stets davor gewarnt, schon zu heiraten, während Wenzel noch seinen dreijährigen Wehrdienst abzuleisten hatte. Zugegeben, gezwungenermaßen hatte er sich dadurch nur höchstens aller vier Wochen, in den gedrängten Stunden jeweils seines Urlaubs, um sie und später auch um Jens kümmern können. Eine Familie, nein, eine Familie, wie von Claudia ersehnt, waren sie in dieser Zeit nicht geworden.

Claus Salzbach wußte von alledem. Da hatte auch kein Zureden seinerseits mehr geholfen, Claudia möge sich doch gedulden, in ihren Forderungen nicht gar so absolut sein und statt dessen alles versuchen, ihre Ehe zu retten. Das war, als er wieder einmal zu Weihnachten einen Teil seiner Ferien in der Republik verbrachte, zum ersten Mal ohne Martina, als er geflohen war von Paris, weil er die Einsamkeit dort gefürchtet und wenigstens auf Anschluß an das Familienleben seiner Tochter gehofft hatte. Sie aber, schon kurz nach seiner Ankunft, nahm ihn beiseite, sagte ihm, daß sie die Scheidung eingereicht habe, und er – mein Gott, ihn traf diese Nachricht ebenfalls wie ein Schlag. Er fühlte sich nun um so mehr allein gelassen, vermißte schmerzlicher denn je

Martina und wäre am liebsten sofort nach Frankreich zurückgekehrt. Was sollte er noch hier, wenn ihn doch da wie dort kein Zuhaus mehr erwartete, er sich vorkam wie in Hälften gespalten, deren eine schon tot war? So mochten auch seine Worte, seine Ermahnungen nicht besonders überzeugend geklungen haben. Vielleicht deckten sie sich sogar mit dem, was er Claudia geraten, als sie, kurz nach dem Abitur bereits, ihn und Martina mit der Eröffnung überrascht hatte, Crispin und sie wollten im selben Sommer noch heiraten. Übereile nichts, Mädchen. Du bist noch so jung und willst dich schon in etwas hineinstürzen, was noch Zeit hat. Prüft euch doch erst einmal beide, bevor ihr eine solche Entscheidung trefft. Die Ehe ist kein Spiel, in das man hineingeht oder heraus, wie es gerade gefällt. Es gibt Höhen und Tiefen in ihr, ja, aber niemals nur einen Verlierer oder nur einen Gewinner. Immer betrifft es beide. In den glücklichsten Stunden nimmt man es freilich wie selbstverständlich, denkt, so und nicht anders müsse es sein. Doch in den Niederlagen? Selbst wenn der eine meint, nur er sei enttäuscht worden . . . Glaub mir, war es Liebe, verliert auch der andere Herzblut . . .

Galt aber das auch für Wenzel?

Claus konnte die Tage, an denen er ihm begegnet war, zählen. Der Vater freiberuflicher Architekt, die Mutter halbtags beschäftigte Bankangestellte, eine in allem ihrem Mann unterworfene Frau, hatten sie ihren Sohn, wie sie es nannten, antiautoritär erzogen, wobei Claus, nachdem er sie kennengelernt und ihre Maxime gehört, den Verdacht hegte, daß sie lediglich zu bequem waren, sich gründlich genug um ihre drei Kinder zu kümmern, und statt dessen der Großmutter, in deren Haus sie wohnten, die Erziehung (oder was sie dafür hielten) überlassen hatten. So war Crispin offenbar reichlich verwöhnt worden, einerseits, indem seine Oma ihm jeden Wunsch zu erfüllen trachtete, ihm beispielsweise zu jeder Tages- und Nachtzeit, sobald ihn der Appetit packte, Steaks briet und Cremetorten buk, andererseits mit einem übermäßigen Taschengeld von Vater und Mutter, die damit wohl aufzuwiegen versuchten, was sie sonst an Pflichten ihm gegenüber versäumten, sozusagen lieber einen Zwanzigmarkschein opferten als einen Abend, an dem sie mit ihm über seine Probleme sprachen. Nein, der Junge konnte nicht haushalten, auch später in seiner Ehe nicht. Von seinem Sold in einer Spezialeinheit der Armee, bei der er es immerhin bis zum Unteroffizier brachte, sah Claudia nur einen geringen Rest, manchen Monat sogar nur Pfennige. Aber darin, wie man sich Geld verschaffte und schnellstens wieder verschleuderte, besaß er ja schon von Jugend an Übung. Freimütig plauderte er aus, regelmäßig vom Dachboden im Haus seiner Großmutter, wo eine Menge Trödel lagerte, nach dem niemand mehr fragte, die unterschiedlichsten Dinge entwendet und, die Nostalgieschwemme nutzend, bei einschlägigen Händlern verscherbelt zu haben, eine Beethovenbüste aus Bronze, ein Landschaftsbild von den

Alpen, in Öl und mit klobigem, vergoldetem Rahmen, eine mit Blumenmotiven bestickte Sofadecke und einmal sogar, schon bald nach der Hochzeit, eine vierundzwanzigbändige, um die Jahrhundertwende erschienene Ausgabe von Meyers Konversationslexikon, die er sich zuvor, mit dem Bemerken, er benötige sie dringend für sein künftiges Studium der Kulturwissenschaften, von der gütigen alten Frau erschwindelt hatte.

Dieser Charakterzug muß es gewesen sein, der ihn nach der Scheidung mit dem Namen seines Sohnes um den Fernsehapparat feilschen ließ. Claudia wußte bis heute nicht, ob er ihn tatsächlich zum eigenen Gebrauch hatte besitzen wollen oder ihn nicht ebenfalls längst in einen Batzen blauer Scheine verwandelt hatte.

Ein Jahr hatte es noch seit Crispins Entlassung aus der Armee gedauert, ehe Claudia immer öfter daran dachte, sich von ihm zu trennen. Nein, daß er ihr untreu geworden wäre, glaubte sie nicht, obwohl er sich an den Wochenenden sonstwo tummelte, nur nicht zu Haus. Ihr Entschluß, so jedenfalls erklärte sie ihrem Vater, hatte mehrere Gründe. Sie kam mit seinen Eltern nicht aus, vermochte vor allem ihre politischen Ansichten nicht zu teilen, so daß es jedesmal Streit gab, wenn sie sich besuchten. Crispin allerdings hüllte sich dazu in Schweigen, ließ auch die unerträglichsten Diffamierungen der Republik, wogegen Claudia aufbegehrte, unwidersprochen, paßte sich, was sie erst jetzt bemerkte, überall nur an, hängte seine Fahne jeweils nach dem Wind, und über diese Haltung seinerseits setzte der Streit sich dann stets bis in die Ehebetten fort. Claus entsann sich, daß ihm einmal auch Martina voller Empörung von einer Kontroverse berichtet hatte, in die sie mit dem Schwiegersohn geraten war. Kurz zuvor hatte man ihn in seiner Einheit als Kandidat für die Partei zu werben versucht. Im Urlaub erkundigte er sich daraufhin bei Martina mit den Worten, ob es nicht nützlicher sei, in diesen *Verein,* dem ja auch sie angehöre, einzutreten. – Warum, fragte sie, und wie Claus sie kannte, gewiß schon mit Wallung im Blut über diese Verunglimpfung, was treibt dich dazu? – Aber, liebste Schwiegermama, das ist doch klar: Man hat seine Vorteile, sowohl bei der Truppe als auch später im zivilen Leben. Du wirst eher befördert und erhältst die besseren Funktionen. – Nein, entgegnete sie, bitte, gib deinem Politoffizier den Laufpaß. Ich würde es Karrierismus nennen, was du vorhast. – Aus der Armee jedoch kehrte Crispin als Parteimitglied zurück.

Auch das paßte in das Bild, das Claudia von ihm zeichnete. Claus Salzbach durfte sich daher nicht wundern, wenn seine Tochter sich nicht länger an ihn hatte binden wollen, zumal sie sich bei ihrer Entscheidung, um Aufnahme in die Partei zu bitten, ungemein schwerer getan, sich lange zuvor stets danach befragt hatte, ob sie auch über die nötige Reife verfüge.

Ein anderer triftiger Grund, vielleicht jener,

der den Ausschlag gab, betraf Jens. Wenzel fand in seiner Sektion einige Studenten, mit denen er sich, da er leidlich Gitarre spielte, zu einer Band zusammenschloß. Tingelnd zogen sie von einem Wochenende zum anderen über die Dörfer, nisteten sich in verräucherte Tanzlokale und von der Konzert- und Gastspieldirektion längst vergessene Kulturhäuser ein und hämmerten bis nach Mitternacht, gegen sofortige Barzahlung, versteht sich, ziemlich anspruchslosen Rockfans die Ohren voll. Claudia saß indessen daheim und blieb sich mit ihrem Sohn selbst überlassen. Stellte sie ihren Mann deswegen zur Rede, wehrte er ab und beschuldigte sie, sie wolle ihm, wie eben eine Hebamme die Nabelschnuren, seine künstlerische Ader abklemmen, und kam die Sprache auf Jens, berief er sich darauf, daß er – Gott sei Dank – anderes von zu Haus gewöhnt sei als sie, er *antiautoritär* erzogen worden sei. Also könne auch Jens (dieser noch hilflose Fratz von nicht einmal einem Jahr!) tun und lassen, wozu er Lust verspüre. Sie sah, daß sein Verhältnis als Vater zu seinem Sohn weit entfernt von dem war, was sie sich darunter vorstellte, und das beleidigte sie besonders.

Nach der Scheidung wollte Claudia in nichts mehr an Wenzel erinnert sein und nahm auch wieder ihren Mädchennamen an. Das gleiche beabsichtigte sie mit Jens, doch dazu brauchte sie die Einwilligung seines (und mehr war er nach ihrer Meinung nicht) Erzeugers.

Als sie ihm einen dementsprechend verfaßten

Text vorhielt und um seine Unterschrift bat, überlegte er nur kurz und antwortete: »Na schön, ich würde mich dazu bereit erklären, wenn ...« Er zögerte nochmals.

»Was, wenn?«

»Sag mal, der Farbfernseher ... Wieviel mag er noch wert sein? Viertausend, fünftausend?«

»Crispin, ich bitte dich, lenk nicht ab.«

»Ganz im Gegenteil, Schatz. Wenn du ihn mir überläßt, kann der Junge meinetwegen deinen Namen tragen.«

Wie Schuppen fiel es ihr da von den Augen. Wem hatte sie sich da bloß vor Jahren an den Hals geworfen! Andererseits war sie darüber so verblüfft, daß sie zu träumen glaubte. Konnte das alles denn wahr sein? Sie hatte mit Komplikationen gerechnet, die sich nun, mit einem Handel wie auf dem billigsten Flohmarkt – tausche Familiennamen gegen Fernsehapparat – vollkommen in Luft auflösten. So einfach ging das. Ein Federstrich, und auch Jens hieß plötzlich Salzbach wie sie.

Als jedoch Frau Baumholder von der Namensänderung erfuhr, legte sie es aus, daß sich Claudia nur mit den Lorbeeren ihres Vaters schmükken und auf seine Kosten durchs Studium und womöglich durchs ganze Leben mogeln wolle.

Alle Nachforschungen später ergaben, und auch in Claudias mit Sorgfalt geführter Studienmappe, die die Schule von jeder Studentin als Nachweis für ihre Ausbildung forderte, stand zu lesen, daß sie ihren Beruf nicht nur ernst nahm, sondern mehr noch, ihn als eine Lebensaufgabe für sich betrachtete. Jedesmal dann, ging aus ihren manchmal sogar überschwenglichen Eintragungen hervor, erfaßte sie eine tiefe innere Befriedigung, wenn sie bei der Geburt eines Kindes hatte mithelfen können und es anschließend, nachdem sie es fürs erste versorgt, seiner oft mit bangen Blicken stumm fragenden Mutter heil und gesund in den Arm legen durfte. Ihre diesbezüglichen Notizen klangen, als fühlte sie sich selber stets in die Rolle der Gebärenden versetzt, und so erfreute sie sich auch bei den Patientinnen, je länger sie sie zu betreuen hatte, zunehmender Beliebtheit. Ein freundliches Wort, ein ermutigender Zuspruch, sobald sich eine der Frauen besonders anstrengen mußte – das fiel ihr nicht schwer, im Gegenteil, sie hielt es für selbstverständlich, war überzeugt, daß auch das zur Achtung gegenüber dem werdenden Leben gehörte, zur ethischen Norm einer Hebamme. Mit dieser Einstellung mußte sie sich da wohl schon längst von den Androhungen frei gemacht haben, mit denen Frau Huldig, die Leiterin der Entbindungsstation, die Schülerinnen zu Beginn des zweiten Studienjahres eingeschüchtert hatte: Glauben Sie nicht, Sie könnten hier faulenzen. Hebammen hab ich genug, und wenn Sie nicht ordentlich arbeiten, werfe ich Sie hinaus. Unterläuft Ihnen jetzt ein Fehler, können Sie mit Ihrer Exmatrikulation rechnen, doch nach dem Studium kriegen Sie es mit dem Staatsanwalt zu tun.

Warum auch sollte es Ihnen besser ergehen als unsereinem . . .

Eingedenk solcher Töne fragte sich nicht nur Claus Salzbach, ob vielleicht schon darin die Gründe zu suchen wären, die – bei der dünnen Haut seiner Tochter – eine Katastrophe als unvermeidbar erscheinen ließen. Hier, mit Claudias Idealen und dem Gebaren von Herrschsucht und Hierarchiedenken, das sie ständig umgab, prallten doch völlig verschiedene Lebenshaltungen aufeinander!

Er irrte sich nicht. Sein Auftreten in der Schulleitung sprach sich schon tags darauf im Kreißsaal der Universitätsklinik herum, man munkelte, daß durch sein Verschulden Frau Baumholder einen Nervenkollaps erlitten habe, und manch einer fürchtete, er wolle sich nun auch an den Lehrkräften des medizinischen Bereichs rächen. Ihm freilich redete man es nur nach, doch zu spüren bekam es Claudia.

Sie hatte Frühdienst, und zunächst begann er wie an jedem anderen Tag. Nachdem sie sich anwesend gemeldet hatte, griff sie zum Eimer, füllte ihn mit Wasser, tat Wofasept zum Desinfizieren hinzu und wischte mit einem feuchten Lappen Staub.

Im Kreißsaal nebenan ging Heike, eine Studentin des zweiten Studienjahres, der gleichen Tätigkeit nach.

Claudia wußte von ihr, daß sie schwanger war. Sie stammte aus einer mittleren Kreisstadt im Norden und wohnte im Internat. Vor kurzem hatte sie Claudia ins Vertrauen gezogen, druck-send vorerst, doch als sie spürte, ihr wurde Verständnis entgegengebracht, mit jedem Wort offenherziger.

»Du bist eine von denen«, sagte sie, »die nicht so blasiert tun und ihr Wissen für sich behalten . . .«

Soeben hatte sie Claudia, da sie ihr mehr Erfahrung zutraute, in einer das Praktikum betreffenden Frage um Rat gebeten und war von ihr nicht enttäuscht worden.

»Das ist doch selbstverständlich, Heike.«

»Nein. Ich kenne andere. Auch aus der FDJ-Leitung welche . . .« Sie stockte, schien sich noch immer vorsichtig herantasten zu wollen. »Du bist Genossin, nicht wahr? So ziemlich die einzige hier weit und breit . . . Ich hab's mir zusammengereimt, als ich zufällig Zeuge eines Gesprächs wurde. Zwischen zwei Hebammen. Wenn du Dienst hast, warnte die eine die andere, solle sie bloß nicht den Norddeutschen Rundfunk hören, der, wie du ja weißt, hier unentwegt dudelt. Sie bezeichnete dich als Spitzel.«

»Als was?«

»Als Spitzel der SED. Dein Vater muß irgendwas angestellt haben. Und von dir hieß es, du habest Doktor Braune in eurer Parteiversammlung angeschwärzt.«

»Doktor Braune?« Ein wenig erschrak Claudia jetzt. »Warum sollte ich?«

»Im Aufenthaltsraum, als dort die neuen Übergardinen aufgehängt wurden. Sie verdeckten jedoch in voller Breite die Wand mit dem Bild von Honecker daran. Jemand vom Personal wies Doktor Braune darauf hin, und er ordnete an, es abzunehmen. Was macht das schon, soll er geantwortet haben, da guckt doch sowieso keiner hin.«

»Ich schwör es dir, Heike. Ich weiß nicht das geringste davon. Was geht mich der Hetzsender an. Jeder ist selber schuld, der sich davon berieseln läßt. Und auch das mit der Parteiversammlung ist eine Lüge.«

»Ich dachte es mir. So eine bist du nicht.«

Stunden später, nachdem sie ihren Dienst beendet hatten, auf dem gemeinsamen Weg von der Klinik zur Bushaltestelle, setzte Heike ihr Gespräch mit einer anderen Eröffnung fort.

»Claudia, ich habe Angst.«

Sie sah sie mit ihren blauen, furchtsam geweiteten Augen an, wirkte verzagt wie ein Kind plötzlich, obwohl sie bereits achtzehn war.

»Wovor denn?«

»Versprich mir, es für dich zu behalten.«

»Bin ich etwa eine Tratsche?«

»Irgendwem muß ich es sagen. Und du – du bist selber Mutti ... Ich bin im dritten Monat. Zum Wochenende, sofort nach dem Praktikum, fahr ich nach Haus und lasse mir das Kind nehmen. Ich habe schon einen Arzt konsultiert, und der meint, jetzt sei der günstigste Zeitpunkt für einen Eingriff ... Mein Verlobter ist bei der Armee. Er erfährt erst gar nichts ...« Sie schnupfte und trocknete sich ein paar Tränen ab, die über ihr pummliges Gesicht rannen.

»Aber, Mädchen, du weinst ja.« Claudia legte ihren Arm um sie.

»Ach, weißt du, ich würde mein Baby so gern austragen. Aber bei den Aversionen hier, an unserer Schule? Die Baumholder predigt doch ständig, daß wir uns keine Kinder anschaffen sollen. Sie würden uns nur beim Studium stören. Und bekämen wir doch eins, müßten wir es in die Wochenkrippe abschieben . . .«

Ja, davon wußte auch Claudia ein Lied zu singen.

Nun säuberte sie den Kreißsaal und gewahrte hin und wieder, wie nebenan Heike desgleichen tat. Der letzte Tag ihres Praktikums war herangerückt, und am Montag würde sie sich in das Krankenhaus ihres Heimatortes begeben.

In diesem Augenblick jedoch erschien eine Hebamme und brachte Claudia auf andere Gedanken. Sie kam aus der morgendlichen Dienstbesprechung und forderte beide auf, sich jeweils mit einer Frau, die ihrer Entbindung harrte, *vertraut zu machen,* wie sie es im Fachjargon nannte. Das hieß, die Schwangere ständig zu überwachen, stündlich den Blutdruck zu messen, die Häufigkeit und die Stärke der Wehen zu kontrollieren, auch die Herzfrequenz des Kindes am CTG, dem Cardiotokographen, fortwährend zu prüfen, wie weit sich der Muttermund öffnete . . . Claudias Stimmung hob sich. Wieder durfte sie mithelfen, ein Kind zur Welt zu bringen. Also würde der Tag doch nicht so trist verlaufen, wie sie bisher befürchtet hatte.

Einmal vernahm sie, daß nebenan Heike von einer schrillen Stimme angeherrscht wurde: »Passen Sie doch auf! Was haben Sie bloß in Ihrem Kopf! Entweder ich kann mich auf Sie verlassen, oder ich verzichte auf Ihre Anwesenheit.«

Kurz darauf sah Claudia sie ans Fenster treten, blaß im Gesicht und wankenden Schritts, wie ihr schien.

Sie ging auf sie zu. »Was ist denn geschehen?«

»Mir ist nicht gut. Und plötzlich war mir speiübel.« Sie hatte vergessen, pünktlich bei ihrer Patientin den Blutdruck zu messen. »Aber bitte, Claudia, bitte«, flüsterte sie, »verrat mich nicht. Bis Dienstschluß halt ich schon durch . . .«

Zurückgekehrt an das Kreißbett der Frau, die sie betreute, las sie am CTG die Abstände der Wehen ab, die nun in immer kürzerem Rhythmus erfolgten. Hin und wieder wechselte sie ein paar Worte mit ihrer Patientin, fragte nach ihrem Befinden und erinnerte sie an die Atemübungen. Sie war Lehrerin, und plötzlich griff sie nach Claudias Hand, drückte sie fest und sagte, wobei sie sich einige Male unterbrach, indem sie unter Schmerzen ihr Gesicht verzog: »Ich verstehe nicht, warum hier solch ein rüder Ton angeschlagen wird, den Studentinnen gegenüber und zugespitzt besonders auf Sie, Frau Salzbach . . .«

Wegen leichter Wehen hatte sie vor Tagen schon einmal im Kreißsaal gelegen und mit angehört, wie die Leiterin Claudia, nur weil sie Linkshänderin war, ungewöhnlich grob angefahren hatte.

»Wenn es Sie tröstet . . . Wir alle in unserem

Zimmer waren darüber empört. Gerade Sie ... Zu Ihnen, fanden wir, kann man Vertrauen haben. Nie sind Sie hektisch oder gar unfreundlich. Und man kann Sie auch mal um eine Gefälligkeit bitten, ohne fürchten zu müssen, abgewimmelt zu werden. Davon sollten sich andere hier, auch vom angestammten Personal, eher eine Scheibe abschneiden. Ja, ich bin richtig froh, daß Sie heute Dienst haben ...«

Claudia freute das Lob. Es schien ein Glückstag für sie zu werden. Denn eine große Erleichterung hatte sie auch schon darüber empfunden, daß sie unter der Anleitung von Frau Merkel arbeiten durfte, einer Hebamme, die sie wegen ihres stets ausgeglichenen Wesens schätzte und daher vielen anderen als Ausbilderin vorzog. Bei ihr würde sie Ruhe bewahren. Auf sie traf gewiß nicht zu, worüber die Lehrerin sich soeben beklagt hatte.

Nach dem Mittag schließlich war es soweit. Das Kind konnte geboren werden. Der Muttermund hatte sich vollständig geöffnet, und das Köpfchen wurde bereits sichtbar.

Claudia fragte Frau Merkel, ob sie abnabeln dürfe, und die stimmte zu. Auf jede Bewegung kam es jetzt an, auf jede Sekunde, auf alles, was ihr theoretisch seit langem geläufig war und sie bei anderen schon oft beobachtet hatte.

Sie setzte sich eine Mütze auf und zog sterile Handschuhe an, während Frau Merkel mit dem Dammschutz begann.

Viel Zeit zum Nachdenken blieb ihr nicht.

Jetzt mußte schnell und sicher gehandelt werden. Claudia hörte die Hebamme rufen: »Pressen Sie ... So pressen Sie doch ... Ja, so ist's gut. Vergessen Sie nicht zu pressen ...« Doch schon bald lag das Kind, ein nacktes, vom Blut verschmiertes Bündel, auf dem Bett und stieß seinen ersten, quäkenden Schrei aus. Nun die Nabelschnur ausstreichen, in Richtung des winzigen Körpers, und etwa zehn Zentimeter von ihm entfernt die Klemme ansetzen ... Erneut die Nabelschnur blutleer streichen, diesmal in Richtung der Mutter, kurz vor der Vulva die zweite Klemme anbringen ... Dann der Trennschnitt, unmittelbar hinter der Klemme des Kindes, wobei die Schere das Neugeborene nicht gefährden darf ... Vorsicht auch beim Rest der Nabelschnur, ihn nicht straffen, nicht ziehen, damit es zu keinen Einrissen kommt ...

Es war ein Mädchen. Die Lehrerin, schon von zwei Söhnen entbunden, hatte es sich gewünscht. Claudia legte es ihr an die Brust, so daß es sofort den Kontakt mit seiner Mutter spürte, und trug es danach zur Wickelkommode. Das war der Augenblick, in dem auch sie jedesmal ein Glücksgefühl durchströmte. Nochmals klemmte sie die Nabelschnur ab, nur noch vier Zentimeter vom Leib des Kindes entfernt, und schnitt den Rest ab. Sie prüfte, ob aus ihm auch kein Blut mehr austrat, und begann das kleine Geschöpf, als sei es ihr eigenes, zu baden. Nach dem Abtrocknen zog sie ihm Hemd und Jüpchen an, um es vor Auskühlung zu schützen. Mit einem in Alkohol getränkten Tupfer umwickelte sie den Nabelschnurrest.

Jetzt erst besann sich Claudia und vermochte sich schon eher gewisser Grundsätze zu erinnern, die sie erlernt hatte. Sie maß die Länge des Kindes. Und während sie ihm eine Windel anlegte – so beschrieb sie ihre weitere Tätigkeit in der Studienmappe –, achtete sie zugleich auf die *morphologischen Reifezeichen,* die sich auf die Körpergestalt bezogen, vom Sitz der Ohrmuscheln bis zu den Fußfalten reichten, und suchte nach eventuellen Mißbildungen. Nein, das Baby war von normalem Wuchs, wirkte in allem gesund, und noch immer besaß sie soviel Anteilnahme, daß auch ihr darüber ein Stein vom Herzen fiel. Sie notierte die Kopfmaße und führte zum Schluß die *Credésche Augenprophylaxe* durch, indem sie dem Mädchen einige Tropfen Silbernitratlösung zwischen die Lider träufelte. Als sie es am zweiten Auge wiederholte, zuckte das Kleine, und Claudia mußte lächeln. Ein Mensch war geboren, wenige Minuten erst alt (alt! – wie das klang), und schon hatte er eine mißliche Erfahrung gemacht und widerstrebte, wehrte sich gegen die Widernisse dieser Welt. Bleib so, dachte sie, immer begehre auf, wenn dir etwas mißfällt, mein Mädchen, laß dich nie unterkriegen ...

Noch einmal zeigte sie der Lehrerin ihr Töchterchen, nahm ihren Dank entgegen und brachte das Kind dann ins Wärmebett. Nachdem auch Frau Merkel ihr ein paar anerkennende Worte gesagt hatte, über ihr verläßliches, sicheres Handeln während der Entbindung, räumte sie noch den Kreißsaal auf und beendete ihren Dienst mit einem überaus guten Gefühl.

Im Umkleideraum war sie mit Heike verabredet, da sie beide gemeinsam die Klinik verlassen und sich voneinander verabschieden wollten, Claudia mit den besten Wünschen für sie.

Doch sie wartete vergebens. Heike erschien nicht.

Im Kreißsaal hatte sie nicht mehr auf ihre Anwesenheit geachtet, und nun beschlich sie Unruhe. Wo mochte sie sein?

Sie fand sie auf der Toilette. Am Waschbecken sich aufstützend. Bleich wie die weiße Fliesenwand ringsum. Mit entblößtem Unterkörper, Blut zwischen den Beinen. Wasser lief. Heike versuchte soeben, sich zu reinigen, hantierte mit Vorlagen.

Ein heftiger Schreck würgte Claudia. Sie stürzte auf sie zu, fragte mit trockener Kehle: »Was hast du . . . Was tust du . . .«

Heike stammelte: »Vor einer Stunde . . . Da ist es gekommen . . . Von selbst . . . Ich habe noch weitergearbeitet . . . Sie sollen's doch nicht erfahren . . . Und mir ist so schlecht . . . Und ich hab Angst, Claudia, so entsetzliche Angst . . .«

Sie ergriff die Freundin, die sich entkräftet und schwer an sie hängte, führte sie aus der Toilette und half ihr beim Umkleiden.

Wenig später übergab sie Heike einem Arzt auf der Gynäkologischen Station.

Das Wochenende verbrachte Claudia in gelöster Stimmung. Sie war nach Wellaune gefahren, zu den Großeltern, dem Vater und Jens. Vor allem aber: Sie hatte selber Verantwortung tragen dürfen, bei der Geburt eines Kindes, hatte es abgenabelt, und zwar – was sie am meisten erheiterte – mit *links*!

Als sie am Montag ihren Dienst antrat, wurde ihr mitgeteilt, daß sie sich unverzüglich bei Frau Huldig zu melden habe.

Die empfing sie, kaum daß Claudia die Tür hinter sich geschlossen hatte, mit einem Schwall von Vorwürfen.

»Was eigentlich haben Sie sich dabei gedacht? Sie – Sie waren seit langem eingeweiht. Eine Studentin! Selber ein Kind noch. Auf unserer Station. Fehlgeburt! Und Sie ließen sie anschließend gewähren, duldeten, daß Fräulein Waruga noch arbeitete, hielten es nicht für nötig, jemanden zu informieren. Nichts, nichts ...«

Sie rang nach Luft, hochrot im Gesicht wie stets, wenn sie sich erregte. Sogar eine Strähne löste sich aus ihrem nach Vorschrift, wie sie immer betont hatte, streng nach hinten gekämmten Haar.

Claudia indessen setzte mehrmals zu einer Entgegnung an. Doch sosehr sie sich auch um eine Rechtfertigung bemühte, es gelang ihr nicht. Sie konnte lediglich den wütenden Worten der leitenden Hebamme entnehmen, daß sowohl die Schule als auch der Kreißsaal inzwischen von der Gynäkologischen Station unterrichtet worden waren, wie es um Heike stand, offenbar nicht mehr allzu schlimm, was sie erleichterte.

Doch, hätte sie sagen wollen, ja, sie hat sich mir anvertraut. Aber ... Ich versprach ihr auch zu schweigen. Sie hatte die Absicht, sich ihr Kind nehmen zu lassen, in ihrem Heimatort. Aus lauter Angst vor der Schule. Und schon das finde ich – wollte sie sagen – abscheulich, menschenunwürdig. Daß künftige Hebammen hier, auf der Entbindungsstation, sobald sie selber schwanger sind, wie Aussätzige behandelt werden. In der Toilette, Frau Huldig, stellen Sie sich vor – lag es ihr auf der Zunge –, in der Toilette, der Kloake mußte sie sich verstecken. Das ist der gemeinste Schmutz. Das ist das Letzte, was man werdenden Müttern antun kann ...

Doch sie kam nicht zu Wort.

Frau Huldig schrie: »Aber das kennen wir ja von Ihnen. Ihre aufsässige, überhebliche Art, die hier niemandem gefällt, keinem ...«

Claudia wehrte sich, versuchte es jedenfalls, sagte: »Daß sie einen Abortus hatte ... Während der Arbeit ... Das wußte ich nicht. Bitte, glauben Sie mir.«

»Halten Sie den Mund! Das Fräulein Waruga hat meinen Kreißsaal mit Schimpf und Schande bedeckt. Und Sie – anders kann man es nicht erklären –, Sie legten es darauf an, daß sie es tat. Warum sonst, schon nach den ersten Anzeichen, holten Sie keinen Arzt? Oder wissen Sie nicht einmal darüber Bescheid, wie man sich bei einer Fehlgeburt verhält? Und Sie wollen Hebamme werden? Nein, nein, nein ... Bei mir nicht. Das wird noch ein Nachspiel geben. Ihre KPA, meine Liebe, die Abschlußprüfung haben Sie damit bereits so gut wie verwirkt.«

Claudia erstarrte. Nach dieser Drohung war sie wie gelähmt. Sie hatte keine Kraft mehr zu widersprechen.

»Und nun gehen Sie! Treten Sie Ihren Dienst an. Ich hoffe, wenigstens darüber keine Klagen zu hören.«

Am Abend, allein in ihrer Wohnung, brach Claudia erneut zusammen. Alle Bitternis, die sich tagsüber noch in ihr angestaut hatte, entleerte sich jetzt. Sie weinte unablässig, und sie fühlte sich um all ihre Träume gebracht, um ihr Leben.

Obwohl es sich um dieselbe Neurologische Klinik handelte, in die Claus seine Tochter begleitete, untergebracht am Rande von W. in einem ehemaligen Herrensitz, einem Schloß mit seinen Wirtschaftsgebäuden und umgeben von einem weitläufigen Park, erschien sie ihm bald wie verändert, geradezu als ihr Gegenstück, allein, dieser Eindruck stellte sich erst während seines Besuchs darin her.

Er hatte sofort gesehen, daß sich Claudia in einem völlig zerrütteten Zustand befand. Erst nach mehrmaligem, lang anhaltendem Läuten und heftigem Klopfen, so daß er schon wieder gehen wollte, weil er glaubte, sie sei nicht zu Haus, war ihm die Tür geöffnet worden. Das Gesicht verquollen, ihr Haar strähnig und ungepflegt, ausdruckslos ihre Blicke, und selbst im dämmrigen Lampenlicht des Flures war die Rötung ihrer Augenlider nicht zu verkennen.

Ohne ein Wort zu sagen, ließ sie ihn ein, erwiderte nicht einmal seinen Gruß, schlich sich zurück ins Wohnzimmer.

Als es ihr dann von den Lippen kam, sie sich seinen drängenden Fragen nicht länger entziehen konnte, brach es aus ihr heraus, ein zusammenhangloses Gestammel, das er zunächst nur mit Mühe zu entwirren vermochte.

Was für ein Gegensatz zu ihrem Verhalten in den Tagen zuvor! Noch am Wochenende in Wellaune hatte Claudia mit ihrer Fröhlichkeit die gesamte Familie angesteckt. Sie tollte in Hof und Garten mit ihrem Sohn, wollte ihm auf einem Dreirad das Fahren beibringen, und da er sich reichlich ungeschickt anstellte, versuchte sie es ihm vorzuführen. Sie hockte sich auf den für sie viel zu niedrigen Sattel, trat auf die mit Klötzen erhöhten Pedalen, stieß sich aber ständig mit den Knien an der Lenkstange und wirkte dabei so komisch, als veranstalte sie eine Clownsnummer, so daß sie allen ein schallendes Gelächter entlockte. Auch als sie schilderte, wie sie nach längerer Pause wieder bei einer Geburt hatte mithelfen dürfen, strahlte sie vollste Zufriedenheit aus, amüsierte sich, daß sie mit links geschnitten hatte, obwohl es doch nur Nabelscheren für Rechtshänder gab. Dem kleinen Jens, der sich beim Abschied an sie klammerte, noch glühend vor Glückseligkeit über die Stunden mit seiner

Mutter, wohl mehr seiner Spielgefährtin in diesem Falle, mußte sie versprechen, am nächsten Tag wieder mit ihm ihre Späße zu treiben. Sie drückte ihn an sich, küßte ihn und schwor es ihm wie einem Gleichaltrigen feierlich in die Hand.

Als sie nicht kam, auch nicht anrief, über das Telefon eines Nachbarn wie gewöhnlich, wenn sie verhindert war, jammerte der Junge, machte seiner Enttäuschung Luft, war durch nichts zu beruhigen und abends nur schwer ins Bett zu kriegen. Da war es an Claus, ihn zu trösten, indem er ihm versicherte, ebenfalls hoch und heilig, seine Mama in W. aufzusuchen.

Er begriff, was vorgefallen war, sah, wie sie litt, und spürte zugleich, daß er sie nicht allein lassen durfte. Er blieb über Nacht bei ihr, bereitete sich auf der Couch ein Lager, öffnete, nachdem sie sich ins Schlafzimmer zurückgezogen hatte, heimlich die Tür zum Korridor und lauschte noch lange nach nebenan. Er hörte von dort ihr Schluchzen, und wie eine Schlinge legte sich wieder die Furcht um seinen Hals, drohte ihn abzuschnüren. Die Sorge, die Angst um Claudia, wie unmittelbar nach seiner Ankunft bereits im Park des Schlosses, begann ihn erneut zu quälen. Er schlief nur schlecht, und er fragte sich unentwegt, welcher Mittel er sich noch bedienen könnte und ob ihm nicht längst die Hände gebunden waren, da die Partei ihn verließ ...

Am nächsten Morgen gelang es ihm wenigstens, mit viel Geduld und Güte, seine Tochter davon zu überzeugen, ihn in die Neurologische

Klinik zu begleiten, zumal sie sich dort noch in Behandlung befand und der Arzt sie gebeten hatte, sich von Zeit zu Zeit bei ihm vorzustellen.

Claus besaß ihn in bester Erinnerung. Seine therapeutischen Maßnahmen, all sein Bemühen um Claudias Genesung waren nicht nur von rein medizinischem Interesse, sondern von ehrlichem Mitgefühl geprägt gewesen, und noch klangen ihm seine besorgten Worte im Ohr: Danken Sie Gott oder wem sonst, Herr Salzbach. Wir pumpten ihr den Magen aus, aber damit ist ja nicht ihr Konflikt, den sie unbestreitbar mit sich herumschleppt, aus dem Blut ... Während eines späteren Besuchs hatten sie auch etwas Muße (oder gehörte das ebenfalls zu seinem Programm?) zu einer Unterhaltung gefunden, in deren Verlauf der Arzt ihm verriet, daß er selbst genügend Schwierigkeiten bei seinem Studium gehabt habe. Er war erst auf Umwegen zu seinem Beruf gekommen, hatte Klempner gelernt, danach als Pfleger gearbeitet und in der Volkshochschule sein Abitur nachgeholt. Die Professoren von damals, ich sage Ihnen, sie konnten solche wie meinesgleichen nicht ausstehen ...

Jetzt jedoch schien er wie verwandelt, war von jener Offenheit nichts mehr zu spüren. Er wirkte zugeknöpft bis obenhin, als er Claus, die Hände tief in den Taschen vergraben, im weißen Kittel gegenübertrat und seinen Blicken fortwährend eine andere Richtung verlieh. Nein, es tue ihm leid, aber er sei nicht allein für seine Tochter zuständig, seine Chefin, Frau Dr. Brinkmann, habe sich persönlich des Falles angenommen. Wenigstens beschrieb er ihnen noch, wo sie sie finden konnten, und meldete sie telefonisch an.

Obwohl Claudia die einzige Patientin war, wurde sie erst nach längerem Warten in einer Art Halle des Schlosses ins Sprechzimmer gerufen. Als sie wieder herauskam, nach nur knapp einer Viertelstunde, mit verweinten Augen und wie erschöpft, sank sie an seiner Seite auf die Besucherbank und sagte, unheimlich leise, so daß er sie kaum verstehen konnte, die Ärztin wünsche auch noch mit ihm zu reden. Ein dumpfes, ersticktes Gurgeln, das von einem nur mit äußerster Anstrengung unterdrückten Schluchzen herrührte, entrang sich mehrmals ihrer Brust. Er fragte sie, was geschehen sei, und dachte: So schrei deinen Schmerz doch hinaus, Mädchen! Aber sie schwieg, preßte krampfhaft die Fäuste gegen ihre Lippen, schüttelte den Kopf, und noch ehe er weiter in sie dringen konnte, wurde auch er in das Zimmer gebeten.

Dr. Brinkmann thronte (anders empfand er es nicht) hinter einem gewaltigen, mit Schnitzereien versehenen Schreibtisch und bot ihm mit einer flüchtigen Handbewegung auf einem Stuhl von billigster Produktion davor Platz an. Sie mochte schon weit über die Sechzig sein, war ebenfalls weiß bekittelt, trug ihre dunklen, wohl aber gefärbten Haare straff um den Kopf gewunden und streng in der Mitte gescheitelt und starrte ihn, merkwürdig prüfend, durch eine Brille mit kreisrunden Gläsern in Stahlfassung an. Was ihm dabei sofort an ihr auffiel: Sie besaß Augen, denen er irgendwo schon einmal begegnet zu sein glaubte. Und als er ihre Stimme vernahm, zuckte er unwillkürlich zusammen. Sie klang ungemein hart, wie die eines ans Befehlen gewöhnten Mannes.

»Wir wollen nicht lange drumherumrätseln, Herr Salzbach, nicht wahr? Ich habe mir die Befunde angesehen und mir soeben von Ihrer Tochter selber ein Bild machen können. Ihr fehlt nichts, nein, absolut nichts. Freilich, ein wenig labil ist sie schon, etwas mit den Nerven herunter, wie man zu sagen pflegt, aber wer ist das nicht in dieser nicht gerade sehr freundlichen Zeit, zumal, wenn jemand wie sie unter Zwängen steht, denen von Prüfungen, meine ich, sich wohl auch selber die Zwänge einredet . . .«

»Hören Sie«, unterbrach Claus die Ärztin. »Und daß sie Tabletten schluckte, sich umbringen wollte . . .« Er stockte, spürte, wie ihn eine heftige Erregung packte, und versuchte, um nicht ausfallend zu werden, sich zur Ruhe zu gemahnen. Diese Augen, diese stechenden, mitleidlosen Blicke brachten ihn auf, dazu dieses nur hingeworfene, nach seinem Empfinden von Geringschätzung strotzende Gutachten. »War das etwa nichts? Geschah es nur in der – Einbildung meiner Tochter?«

»Mein lieber Herr Salzbach. Zunächst, ich verbitte mir Ihren Ton, und dann: Die Diagnose stelle immer noch ich.«

Wiederum fiel er ihr ins Wort: »Ihr Kollege,

der sie zuvor behandelte, war allerdings anderer Ansicht . . .«

»Das mag durchaus sein. Aber leider ist er auch noch recht jung und unerfahren. Deshalb zog ich es vor, mich selber um den Fall Ihrer Tochter zu kümmern. Und ich kenne mich aus, das müssen Sie mir schon glauben. Sie benimmt sich zuweilen, und weiter ist es nichts, wie ein kleines, ungezogenes Kind. Bei diesem verwöhnten Elternhaus – das sagte ich auch Ihrer Tochter – für mich kein Wunder. Und da Sie selbst darauf anspielten: Ja, sie simuliert. Das ist alles.«

Er stand auf, er kam sich schon jetzt wie hinausgeworfen vor. Was auch sollte er darauf denn noch erwidern? Er dachte: Wie oberflächlich, wie schludrig ein Mensch hier beurteilt wird, schludrig bis hinein in die Sprache: ein *verwöhntes* Elternhaus! Nie kann es das Elternhaus sein, höchstens die Kinder, die darin aufwachsen. Aber Claudia war es nicht, spätestens seit dem Tod ihrer Mutter nicht mehr, seit sie selber ihr Leben hier, in der Republik, so gut wie auf sich allein gestellt hatte führen müssen, und wie war ihr dabei zugesetzt worden! Er bangte erneut um sie, hoffte nur, daß sie in der Halle noch auf ihn wartete und nicht kopflos davongelaufen war. Wie ein kleines, ungezogenes Kind? Nein! Wenn dieses Mannweib sie so wie ihn abgefertigt hatte . . . Wenn alle Schuld an ihrem Zustand nun ihr selber angehängt wurde . . . Der Gedanke daran trieb ihn nach draußen.

»Es gibt nur eins, wenn Sie meinen Rat wissen

wollen«, hörte er noch die Ärztin sagen. »Entweder sie paßt sich ihrem Studium an, auch mit all seinen Unannehmlichkeiten, oder, wenn sie die Kraft dazu nicht aufbringt, sie bricht es ab . . .«

Claudia hingegen verharrte noch in derselben Haltung, in der er sie verlassen hatte, saß auf der Bank, unbeweglich, die Ellenbogen auf die Knie gestützt, die Fäuste vor den Lippen, in sich zusammengesunken. Willenlos auch erhob sie sich, als er sie zum Gehen aufforderte, und folgte ihm. So schritten sie schweigend nebeneinander her, durch den Park, bis zur Pforte, unter den hohen und uralten Bäumen. Jetzt waren sie schon fast kahl. Auf den Wegen moderte ihr Laub, von Feuchtigkeit schwer, so daß es nicht einmal der Wind aufzuwirbeln vermochte.

Claudia blieb weiterhin still. Ihm wäre wohler gewesen, hätte er sie in ein Gespräch ziehen können, doch er ließ sie gewähren. Er wollte nichts übereilen, denn jedes Wort, fürchtete er, könnte sich als verfehlt erweisen. Was aber ging in ihr vor? Schließlich, bereits in den Straßen der Stadt, bei bewegtem Verkehr ringsum, brach sie selber das Schweigen. Sie schwatzte drauflos, begann auch zu kichern, was ihn argwöhnisch stimmte, so daß er sie mit einer gewissen Distanz betrachtete. Von der Inquisition sprach sie, und zwar völlig unvermittelt. »Weißt du, was Hebammen sind?« fragte sie und ergänzte sofort: »Hexen! Schon im Mittelalter und noch bis in die Neuzeit hinein wurden sie gefoltert und – verbrannt.«

Vielleicht sollte es ihrerseits ein Witz sein. Vielleicht wollte sie damit Stärke vortäuschen.

Und plötzlich durchfuhr es ihn. Mit einem Mal wußte er, wo er diesen Augen, abweisend und kalt, zuvor schon begegnet war. Obwohl jene der Ärztin eine andere Farbe hatten, durch die Brille eher grau wirkten, grau wie der geschliffene Stahl, der die Gläser umrandete, erinnerten sie ihn an die blaßblauen Augen der Frau Baumholder. Ja, von ihnen ging eine ähnliche Ungerührtheit aus, eine nahezu frigide Kaltblütigkeit.

Ein schrecklicher Verdacht stieg in ihm auf.

Noch am selben Nachmittag rief er Junghans, den Sekretär, in der Bezirksleitung an. Er erreichte ihn auch, schilderte ihm kurz am Telefon, was sich zugetragen hatte, und bat ihn mit Nachdruck, Erkundigungen darüber einzuziehen, wie es komme, daß seine Tochter von den Ärzten der Nervenklinik derart unterschiedlich eingeschätzt und behandelt werde. Ob nicht noch etwas anderes dahinterstecke. Und er sagte auch geradeheraus, was er vermutete: eine Verfilzung im medizinischen Bereich der Universität.

Junghans zögerte zunächst mit seiner Antwort, entgegnete aber sodann: »Was du verlangst, das würde bedeuten ... Wir sollen die Ärzte dazu bringen, ihre Schweigepflicht zu brechen.«

»Das ist mir doch völlig egal«, schrie Salzbach. »Gibt es denn keine Genossen in der Klinik? Ist nicht gar ihr Direktor Parteimitglied? Beauftrage ihn mit der Untersuchung des Falles. Denn worum es hier geht ... Das ist, dem Verschweigen der Ärzte von Manipulationen auf die Schliche zu kommen.«

Am folgenden Tag erhielt er die Bestätigung seines Verdachtes: Dr. Brinkmann war die behandelnde Ärztin der Frau Baumholder.

Claus Salzbach, bisher noch immer versucht, im Ringen um Gerechtigkeit für seine Tochter die Universität im guten zu einer Korrektur zu bewegen und eine für beide Seiten akzeptable Lösung zu finden, sah sich nun zunehmend genarrt und verlor die Beherrschung. Anders ist wohl sein Handeln, das in den nächsten Tagen sich seiner bemächtigte, nicht zu erklären. Wohin er auch kam – und er ging mehrere Wege, von denen zwei es verdienen, festgehalten zu werden –, war ein sachliches Reden, eine auf gegenseitigem Wohlwollen beruhende Verständigung über sein Anliegen kaum noch möglich. Schon beim geringsten Widerspruch brauste er auf, wurde aggressiv, beleidigend. Er drehte durch, schlug blindwütig um sich. So urteilten jedenfalls jene, die er mit seinen Interventionen überfiel, Mitarbeiter der Bezirksleitung, der Vorsitzende der Parteikontrollkommission, der Prorektor für Erziehung und Ausbildung, der Parteisekretär der Universität, Professor Marholz, der Direktor der Frauenklinik, dem auch der Kreißsaal unterstand, selbst Junghans. Bei dem einen und anderen (und das alles binnen einer Woche) tauchte er sogar ohne Anmeldung auf, brach in die Vorzimmer ein, verscheuchte die Sekretärinnen, die ihre Chefs abschirmen sollten, riß jene mitten aus ihrer Arbeit und überschüttete sie mit unbezähmbarem Zorn. Eine Ausnahme davon bildete lediglich der Stellvertretende Minister für Auswärtige Angelegenheiten, Dr. Maximilian Hoff, einer seiner Vorgesetzten, mit dem ihn aber zugleich eine alte Freundschaft verband. Sie hatten sich bereits als junge Männer während eines Sonderstudiums kennengelernt, das ihrer Vorbereitung auf die diplomatische Laufbahn gedient hatte.

Diesem Dr. Hoff war es nun übertragen worden, Salzbach zur Räson zu bringen, nachdem der sein Telegramm geschickt, den Worten darin die Tat hatte folgen lassen, indem er seinen Urlaub schon weit überschritt und nicht daran dachte, nach Paris zurückzukehren. Notfalls sollte er ihn, wenn denn alles andere nicht fruchte, disziplinarisch zur Verantwortung ziehen.

Also befahl er ihn zu sich. Claus Salzbach jedoch, muß zu seiner Rechtfertigung gesagt werden, befand sich selber schon halb auf der Fahrt zu ihm nach Berlin. Denn in seiner Verzweiflung, getrieben dadurch, daß er in W. fortwährend nur auf Ablehnung stieß, gegen Wände anrannte und sich dennoch nichts bewegte, war ihm schon mehrfach in den Sinn gekommen, sich an ihn zu wenden. Allein in ihm hoffte er noch eine Stütze zu finden, schon ihrer Freundschaft wegen, und wäre es nur mit einem Rat, wie er sich weiterhin verhalten sollte. Ja, je mehr er sich auf diesen Gedanken versteifte, desto fester glaubte er, Max, der Kaiser, wie sie ihn früher genannt hatten, würde ihm Vertrauen schenken. Er würde ihn anhören bis zum bitteren Schluß und endlich in seinem – nein! – in *Claudias* Fall, auch wenn ihm seine Funktion verbot, sich in die Angelegenheiten des Hoch- und Fachschulwesens einzumischen, mit einem Machtwort für Klarheit sorgen. Seine Bitte um dieses Gespräch aber und Hoffs Aufforderung an ihn mußten sich überkreuzt haben.

So verfehlten sie sich zunächst, und er schloß sich den Nachmittag über in seine Wohnung in der Nähe des Strausberger Platzes ein. Dort überwältigten ihn erneut die Erinnerungen an Martina, beim Anblick ihres Fotos auf dem Schreibtisch, ihres Gesichts, dem die Züge Claudias immer ähnlicher wurden, und fortan übertrug sich aller Schmerz über den tragischen Tod seiner Frau auf die Tochter, deren Leben ihm auf andre Art ebenfalls bedroht schien.

Am Abend erreichte er dann den Minister aus einer öffentlichen Telefonzelle unter dessen Privatnummer. Er spürte sofort, daß Hoff von seinem Anruf keineswegs überrascht war, und erfuhr erst jetzt – was er beschwor – von seiner Vorladung.

Nun gut, Mißverständnisse ad acta. Wann können wir uns treffen? Sie vereinbarten einen Termin für den kommenden Morgen.

Hoff, von untersetzter Gestalt, füllig um die Hüften, mit breiten Schultern, die einem Lastträger alle Ehre gemacht hätten, empfing ihn mit

Blicken, deren Ausdruck nur schwer zu deuten war, am ehesten wohl einem Belauern glich. Fast einen Kopf kleiner als Salzbach, war er gezwungen, seinen bulligen, von einer ausgeprägten Glatze entblößten Schädel schräg in den Nacken zu legen und zu ihm aufzuschauen, was ihn offenbar wie stets, stand er größeren Männern gegenüber, zu einem Zwinkern verleitete, so daß man seinen Augen nur selten entnehmen konnte, woran man bei ihm war. So geschah es auch jetzt. Sie hatten sich schon Jahre nicht mehr gesehen, zum letzten Mal am Grabe Martinas, seither über sich nur in den Zeitungen gelesen und ihren Kontakt zueinander lediglich durch amtliche Schreiben aufrechterhalten. Dennoch, der Minister war natürlich davon informiert, weshalb Claus Salzbach in solcher Eile Paris verlassen hatte und in die Heimat gereist war. So erkundigte er sich auch sofort, noch beim Händeschütteln und in einem Atemzug mit der Begrüßung, nach dem Befinden Claudias. Auch sie kannte er, jedenfalls war er ihr einige Male begegnet, in den Botschaften von Kairo und Hanoi, entsann er sich, damals als Kind noch, später, nach dem Tod ihrer Mutter, als junge und hübsche Frau.

»Ihretwegen bin ich gekommen, Max«, entgegnete Salzbach. »Max – ich bin am Ende ... Das heißt: *Sie* ist es. Ich hab sie zurückgelassen, zwar in der Obhut meiner Schwiegereltern ... Doch ich weiß nicht, was daheim passiert. Sie spricht kaum noch ein Wort, und wenn, klingt es, als phantasiere sie wie im Fieber ...«

»Setz dich.«

Er rief seine Sekretärin, beim Vornamen, und bestellte bei ihr Kaffee.

Maximilian Hoff, obwohl er sich Mühe gab, auch eingedenk seines Auftrags, die Gefühle seiner Verbundenheit mit Salzbach nach außen nicht zu zeigen, war über den Eindruck, den sein alter, im gesamten Ministerium wegen seiner Rechtschaffenheit überaus geschätzter Freund auf ihn machte, erschrocken. So hatte er ihn nur einmal erlebt, an dem Tage, als der Sarg mit Martinas Leichnam in der Grube verschwand, die ersten Schaufeln Erde auf ihn niederprasselten. Damals jedoch hatte er trotzdem Haltung zu wahren versucht. Gewiß, sein Blick war von der gleichen Hilflosigkeit gewesen, ebenso stumpf, als ihm jeder sein Beileid aussprach. Er nahm es steif entgegen, Hoff sah ihn noch vor sich: Hochgewachsen, wie erstarrt, wie eine steinerne Stele sich gegen den grauen Himmel abhebend, korrekt gekleidet, in dunklem Wintermantel und Pelzmütze, mit schwarzem, sorgsam geknotetem Schlips auf dem weißen Hemd, nur der Schal war verrutscht.

In diesen Minuten jedoch ... Was nur konnte es sein, das zu diesem Bild nicht paßte, das ihm mit dem ersten Blick schon gesagt hatte: Claus log nicht? Die Sorge um seine Tochter zeichnete ihn auch äußerlich, er wirkte niedergedrückt, zerknirscht ... Doch nein, daß er mit offenem Hemdkragen gekommen war, ohne Krawatte, das allein irritierte ihn nicht. Es betraf vielmehr die gesamte Erscheinung, die ihm anhaftete, die tiefe Traurigkeit in seinem Gesicht und ... Jetzt, ja, jetzt fiel ihm ein, während er ihn erzählen ließ, was ihn von Anfang an bereits gestört hatte: Er war unrasiert. Wangen und Kinn bedeckten schwärzlichgraue Bartstoppeln, in denen sich Schweiß sammelte, den er von Zeit zu Zeit mit einem Taschentuch abwischte.

Nur ein einziges Mal, als seine Sekretärin den Kaffee servierte, hatte er ihn kurz unterbrochen. Danach sprach Claus Salzbach sofort weiter. Er verlor sich bereits in Einzelheiten, schilderte die Wege, die er gelaufen war, von Pontius zu Pilatus wie weiland die Judäer, und immer nur auf Ablehnung, gar Intrigen gestoßen war. Vielleicht bot sich jetzt die Gelegenheit, erst einmal Ordnung in das Ganze zu bringen?

»Nun gut«, sagte Hoff, »wir kommen darauf noch zurück. Doch vorerst sollst du wissen: Es sind über dich Beschwerden bei uns eingegangen. Die eine von der Parteikontrollkommission im Bezirk. Die andere von der Universität. Sie wirft dir vor, deine Stellung mißbraucht zu haben, und bezieht sich dabei auf allerhand Gespräche, die du geführt hast, so zuletzt mit dem Chef der dortigen Frauenklinik ...«

»Professor Marholz?«

»Ja, so lautet sein Name.«

»Verstehe ich nicht.« Ein wenig gelöster, nachdem er sich offenbar freigesprochen hatte, wirkte Claus Salzbach jetzt. »Mit ihm war ich doch bis zu einem gewissen Grade einer Meinung, wenngleich . . .«

»Die Beschwerde trägt auch nicht seine Unterschrift, sondern die des Prorektors im Bereich Medizin.«

»Dem bin ich nie begegnet. Ich kenne ihn nicht, er demzufolge mich wohl ebenfalls nicht.«

Marholz hingegen? Er suchte nach geeigneten Worten, um den Eindruck, den er von dem Professor während ihrer Unterredung gewonnen hatte, so getreu wie möglich wiederzugeben. Nach der Abfertigung (und anders sah er es nicht), die ihm und Claudia in der Neurologischen Klinik durch Dr. Brinkmann zuteil geworden war, hatte er sich an ihn als ersten gewandt und war auch sofort vorgelassen worden, mit etwas Glück allerdings, denn Marholz, der auf seinem Gebiet, der Gynäkologie, international als Kapazität galt, befand sich gerade wieder im Dienst, weilte im Lande, zu einer kurzen Verschnaufpause sozusagen zwischen zwei Kongressen in Wien und Stuttgart. Von Claudia wußte er, daß er sich den Studentinnen gegenüber ohne Unterschied stets freundlich verhielt, sogar zu Scherzen aufgelegt war, was andererseits sie dazu brachte, ihm nicht nur den geforderten Respekt zu erweisen, sondern schon eine backfischige Verehrung. Betrat er den Kreißsaal, schien auch Frau Huldig wie ausgewechselt, überbot sich in Beflissenheit, verzichtete auf ihre harte Tonart, benahm sich zu Patientinnen wie zu Schülerinnen gleichermaßen nahezu sanftmütig, und die sonst eher frostige Atmosphäre schmolz bei seiner Anwesenheit zu erfrischender Lockerheit. Wen also, wenn nicht ihn, dachte Claus Salzbach, sollte er jetzt noch um Hilfe angehen?

Seine Erwartungen wurden nicht enttäuscht. Schon bald stellten sie fest, daß sie sich durchaus während des Studiums bereits an der Universität in Halle hätten begegnen können, wo Marholz, von einem Hüttenwerk delegiert, seinen Weg über die Arbeiter-und-Bauern-Fakultät gegangen war, und als die Sprache auf die Tätigkeit von Claus im Hauptquartier der Unesco kam, somit auch auf Paris, das der Professor von mehreren Dienstreisen her ebenfalls kannte, begannen sie ihre Erfahrungen mit dieser Stadt auszutauschen. Irgendwie trug das alles dazu bei, daß sie, noch ehe Claus Salzbach den eigentlichen Zweck seines Besuchs vorbrachte, gewisse Sympathien füreinander entdeckten. Um so mehr verwunderte ihn jetzt, auch den Namen von Marholz auf der Liste erwähnt zu sehen, die die Universität in W. mit ihrer Beschwerde dem Ministerium präsentierte.

Vor wenigen Tagen noch, nachdem der Professor ihn angehört, hatte er ihm gestanden: »Weißt du, Genosse Salzbach, Brigitte Baumholder ist für mich kein unbeschriebenes Blatt. Ich kenne sie seit Jahren. Unter meiner Leitung wurde sie zur Hebamme ausgebildet. Später, über ein zusätzliches Studium der Medizin-Pädagogik, erwarb sie die Befähigung zur Erzieherin. Natürlich entgingen mir auch ihre Mucken nicht. Als sie in die

Partei eintreten wollte und mich daraufhin bat, für sie zu bürgen, zögerte ich wohl zu lange, und sie suchte sich einen weniger kritischen Geist. Bei anderen war mir dergleichen weitaus leichter gefallen. Doch bei ihr ... Ja, ich hatte damals Bedenken. Mir schien sie von einem Ehrgeiz besessen zu sein, den ich für ungesund hielt, und zugleich fand ich sie, im Umgang mit anderen – wie soll ich mich ausdrücken –, herrschsüchtig.«

Claus Salzbach entsann sich noch deutlich des Augenblicks, jener Passage in ihrem Gespräch, bei der Marholz dieses Urteil über sie gefällt hatte. Der Professor griff zu einer Schachtel ›Ernte‹, die er offenbar von seiner letzten Reise nach Österreich mitgebracht hatte, bot ihm daraus eine Zigarette an, steckte sich selbst eine zwischen die Lippen, ließ sein goldglänzendes Feuerzeug aufflammen und tat ein paar gierige Züge. Währenddessen saß er tief zurückgelehnt in seinem Sessel, ihm gegenüber am Tisch seines Dienstzimmers, das mit geschmackvollen Möbeln ausgestattet war und an dessen Wänden, wo immer sich dafür eine freie Fläche anbot, Original-Graphiken hingen, deren Herkunft er kurz zuvor mit dem Hinweis erklärt hatte, er sei Sammler. Eine darunter stammte übrigens aus Paris, ein colorierter Stich aus dem achtzehnten Jahrhundert, in Postkartengröße unter einem breiten Passepartout, der mit dem Blick über die Seine, über Fischerboote hinweg, den Louvre zeigte, so, wie er schon längst nicht mehr existierte. Er hatte ihn bei einem der Bouquinisten am Quai in unmittelbarer Nähe des Pont Neuf erworben, spottbillig, wie er mit einem triumphierenden Lächeln bemerkte, zu einem Preis von nur sage und schreibe einhundertundsiebzig Francs. Nein, niemand und nichts hatte ihn dazu gedrängt, die Baumholder mit diesen Worten zu charakterisieren. Es war sein freier Entschluß gewesen.

Claus Salzbach berief sich darauf. Was er jedoch nicht ahnen konnte, sich erst später herausstellte, als auch Marholz darüber befragt wurde: Er stand nicht zu seiner Aussage. Er könne sich so genau nicht mehr daran erinnern, gab er an. Er sei, zwischen den beiden Kongressen in Wien und in Stuttgart, mit Wichtigerem beschäftigt gewesen, und Salzbach müsse ihn mißverstanden haben. Nie und nimmer glaube er, die Genossin Baumholder anders beurteilt zu haben als Frau Huldig, seine leitende Hebamme. Denn was sie betreffe, so schätze er sie außerordentlich, da er sich stets auf sie verlassen könne, er selbst dann, wenn er wie jüngst außer Landes sei, nicht zu fürchten brauche, im Kreißsaal gehe es drunter und drüber, tanzten die Mäuse, sobald sich die Katze nicht im Hause befindet. Mag ihr Regime auch manchem zu streng erscheinen, er halte eine solche Praxis für angebrachter als einen zu laschen, zu legeren Umgang mit der Verantwortung, die sie nun einmal trage. Andererseits sei er jedoch auch kein Unmensch gewesen und habe versucht, den besorgten Vater in ihm zu beruhigen. Er kenne seine Tochter, traue ihr ein durchaus fundiertes theoretisches Wissen zu, habe sich selbst gelegentlich davon überzeugt, und somit – das sei von ihm deutlich betont worden – bestehe nicht der geringste Anlaß, anzunehmen, sie werde die Abschlußprüfung nicht schaffen, durch das »Examen rauschen«, wie es Salzbach genannt habe. Darüber, trotz aller Achtung, die er für Frau Huldig als Fachkraft empfinde, entscheide sie nun weiß Gott nicht allein, sondern ein ganzes Kollektiv pflichtbewußter Hebammen und Ärzte, nicht zuletzt auch seine Wenigkeit.

Ja, das stimmte. Über Frau Huldig und über Claudia hatte er sich in diesem Sinne geäußert. Warum aber bestritt er, daß er, an die Adresse der Baumholder gerichtet, diese Worte gebraucht hatte: *ungesund ehrgeizig* und *herrschsüchtig*?

Es gab dafür nur zwei Erklärungen. Claus Salzbach hatte sie im nachhinein, hellhörig geworden durch die eine und andere Bemerkung während ihres Gesprächs, selber bereits in Betracht gezogen. Entweder schwebte der Professor, infolge seiner vielen Ehrenämter und Berufungen den Tatsachen mehr und mehr entrückt, über den Wolken, sah nicht mehr, was auf dem rauhen Boden der Wirklichkeit in seinem Arbeitsbereich geschah, oder ... Konkret an der Stelle, als Claus ihm berichtete, wie ihn Dr. Brinkmann, behandelnde Ärztin von Frau Baumholder, mit der Behauptung abgewimmelt hatte, Claudia sei eine Simulantin, war ihm das Gefühl gekommen: Marholz wußte zwar von dem Filz, der Verquickung so mancher Mediziner untereinander, doch war er indessen, trotz seiner proletarischen Herkunft und seines politischen Engagements, zu müde geworden, um dagegen noch anzukämpfen.

»Nun gut«, sagte Hoff, »vielleicht trifft dein Argwohn in diesem Fall zu. »Doch wie, womit willst du die Show rechtfertigen, die du vor der Parteikontrollkommission abgezogen hast? Du hast dem Vorsitzenden dein Mitgliedsbuch auf den Tisch geknallt und damit gedroht, aus der Partei auszutreten.«

»Ja«, erwiderte Claus, »und ich bleibe dabei, sofern man mich weiterhin im Stich läßt. Ich sehe keinen Ausweg, kein Durchkommen mehr. Nicht durch den Wust von Beschönigungen, Abwiegeleien, Intrigen gar und Zynismus, der Claudia und inzwischen auch mich umgibt. Es nimmt mir die Luft zum Atmen. Ich sagte dir schon anfangs, Max: Ich bin am Ende . . .«

»Nein!« schrie der Minister. »Nein!«

Er stand auf, voller Erregung, mußte sich bewegen. Das war ein Rückfall, in den sich Claus mit diesen Worten stürzte. Und trotzdem, nicht sie brachten ihn am meisten auf, sondern der leere, wiederum nichtssagende Ausdruck im Gesicht des Freundes tat es. Er hatte es die ganze Zeit über still beobachtet, durchforscht und schon gehofft, es würde ihm im nächsten Augenblick endlich Aufschluß geben, wie es um Claus innerlich bestellt war. Doch nichts. Es verriet nichts, kein Zucken, keine Rührung, glich erneut einer Maske. Mutlosigkeit, ein tiefer Pessimismus – das allein ließ sich vielleicht daraus entnehmen, und es schien tatsächlich, zumal mit dieser leisen, monoton klingenden Stimme, als spreche jemand zu ihm, der sich abgefunden, mit allem schon abgeschlossen hatte. Das paßte nicht zu ihm, jedenfalls nicht zu jenem Salzbach, den er bisher kannte.

Er trat ans Fenster, das zum Marx-Engels-Platz hinausführte, schaute durch einen Regenschleier hinüber zum Palast, auf den Dom, den tosenden Verkehr dort unten, nahm aber nichts von alledem wahr. Er überlegte, grübelte, wie er ihn aufrütteln, ihm eine Regung abringen könnte, die zeigte, daß noch Leben in ihm sei.

»Contenance«, sagte er und drehte sich um, schritt zurück ins Zimmer. »Du weißt, was ich meine. Nicht nur, weil du unser Sprachgenie warst und die Vokabel deinem geliebten Französisch entstammt. Wir sind beim Studium darauf getrimmt worden. An jedem Ort und zu jeder Zeit: Contenance. Gerade sie aber ist es, die ich an dir vermisse, Claus. Statt dessen ... Du läßt dich gehen. Du bist nur noch dein Schatten. Und glaubst du denn, du würdest damit dir und deiner Tochter helfen? Das am allerwenigsten. Entschuldige ... Halt mich nicht für kleinlich, für pedantisch. Man sieht dir dein Schattendasein sogar äußerlich an. Du bist nicht mal rasiert ...«

»Wenn du mir weiter nichts zu bieten hast ... Gut. Dann ist es wohl besser, ich empfehle mich, verdufte und schere mir den Bart.«

»Jetzt bist du es, der zynisch wird. Nein, so kommst du mir nicht davon. So mies, so fremd.«

»Du vergißt, wir sind inzwischen gestandene

Männer. Und du bist nicht mehr der Kaiser, Maximilian der Erste, unser Parteigruppenorganisator von damals ...«

»Ich bin dein Freund, versuche es jedenfalls zu sein.«

Hoff spürte, daß er Salzbach aus dem Zustand seiner Niedergeschlagenheit, der Indolenz seiner Gefühle gerissen, ihn wenigstens zum Widerspruch gereizt hatte, was in dessen Verfassung für ihn schon ein halber Sieg war. Er durfte nicht lockerlassen, mußte ihn zwingen, jetzt ihn anzuhören, in aller Ruhe, seinen Argumenten zu folgen und, wenn er denn glaubte, sie nicht akzeptieren zu können, mit Einwänden aufzuwarten, die sachlich waren, weder von Verbitterung noch von Zynismus zeugten, da er beides nicht verdient habe. Er sei ihm mit Geduld entgegengekommen, seit einer Stunde nun schon, und von ihm verlange er nur, Gleiches mit Gleichem zu vergelten. Das sagte er ihm. Er beugte sich über ihn, um ihm ganz nah zu sein, und da Salzbach noch immer im Sessel saß, war er umgekehrt jetzt einen Kopf größer als er, senkte seinen mächtigen Glatzschädel und blickte auf ihn herab. Seine Augen blitzten, er zwinkerte nicht mehr.

»Wie lange schon, Claus, vertrittst du uns jetzt im Ausland? Seit über zwanzig Jahren, wenn mich nicht alles trügt. Genau das aber ist auch der Zeitraum, in dem du die Republik nur von der Ferne her kennst, nun gut, sie gelegentlich mal wiedergesehen hast, mit Stippvisiten, allein aus der Beschaulichkeit von Ferienheimen heraus. Also muß ich dir in mehrfacher Hinsicht die Augen öffnen. Es ist nicht alles Gold, was glänzt. Nein, die Verhältnisse sind oft genug anders, als sie sich dir von Hanoi bis Paris dargestellt haben. Hinzukommt, sie werden auch hier verzeichnet, von einer subjektiv vielleicht gut gemeinten, doch objektiv letztlich schädlichen Berichterstattung. Nicht überall, zugegeben, doch in sehr vielen Fällen. Von dieser und jener Institution, von diesem und jenem Leiter, die – menschlich verständlich – ihr eigenes Versagen vertuschen wollen, daher Mängel übertünchen und andererseits jede verdienstvolle Tat über alles Maß herausstreichen. Das nimmt dann nicht selten seinen Weg – jedenfalls nach meiner Beobachtung – von unten nach oben, wird auch zwischendurch noch, von Instanz zu Instanz, eifrig geputzt und geglättet, womit nicht ausbleibt, daß so manches verzerrte Bild vom wirklichen Leben im Lande entsteht, den Schein für das Sein ausgibt und ein Denken produziert, das weit entfernt ist vom Realitätssinn der marxistischen, sprich: der dialektisch-materialistischen Weltanschauung. Denn, was weit schwerer wiegt, es haben sich hier und dort auch Leute etabliert, die sich daran gewöhnt haben, die anderes schon gar nicht mehr erwarten, frei nach der Devise: Die Keime des Neuen hegen und pflegen, auch wenn sie, zu Trieben geworden, sofort verwelken, das Unkraut des Alten hingegen immer schön artig unter die Decke kehren, in die Erde schaufeln, selbst wenn es dann dort weiterwurzelt und wuchert. Nur so läßt sich für mich auch die Situation an der Universität in W. erklären. Doch würden wir uns, Claus, wir, eines solchen Verfahrens bedienen, die Verhältnisse in diesem oder jenem Lande nicht bis ins Detail exakt beurteilen, könnte das außenpolitisch für uns zu tödlichen Irrtümern führen. Deshalb will uns diese Art von frisierter Berichterstattung, diese – Schönfärberei, grau mach zu rosarot, nicht in den Kopf. Wir glauben noch immer fest: Nein, so töricht kann niemand sein, der es mit dem Sozialismus ernst nimmt . . .«

Wie von Hoff erbeten, hatte Claus Salzbach bisher geschwiegen. Jetzt aber sagte er: »Ja, Max, ich hab mich das alles schon selber gefragt, und ich hab es geahnt. Zuletzt, als ich an Nikaragua dachte. Auch, als ich beim Wissenschaftssekretär der Bezirksleitung dieses Machwerk las und mir eingeredet werden sollte, die Medizinische Fachschule in W. sei seit Jahren die drittbeste von sechzig ihresgleichen in der Republik. Und trotzdem, für mich bleibt es ein Rätsel: Warum ist das so, warum? Weshalb können sich Leute, die sich als Kommunisten ausgeben, derart dumm und borniert selber belügen?«

»Ich muß dich erneut enttäuschen.« Schon während seiner letzten Worte hatte er sich wieder gesetzt. Claus Salzbach, sah er, hatte sich gefaßt, und er brauchte ihm nicht mehr so nahe, Auge in Auge, gegenüberzustehen.

»Von deinen Illusionen muß ich dich kurieren, die du offensichtlich über die mehr als zwei Millionen Genossen in unserem Lande mit dir herumschleppst. Wir sind eine Massenpartei, was heißt, keine von auserlesenen, elitären Kadern. Und darin – du Idealist, Claus Träumer, wie wir dich damals nannten, als wir noch alle im Blauhemd steckten und uns Spitznamen gaben – besteht der feine Unterschied. Du erwartest natürlich von jedem, der der Partei angehört, eine exzellent kommunistische Haltung, bewußt revolutionär, geschult im Marxismus und voller Ehrlichkeit um jeden Preis. Du mißt sie alle mit einer Elle. Das ist zwar lobenswert, doch ebenfalls – unrealistisch. Denn als deinen Maßstab betrachtest du dich selbst, nur dich allein, sonst nichts. Nein. Ich will jetzt nicht die Geschichte der Partei bemühen, auch nicht die jüngste, um dir zu beweisen, warum du dich irrst. Du kennst sie selber, bist seit deinem achtzehnten Lebensjahr dabei. Doch ich muß daran erinnern, was wir, trotz aller Absicherung, übernommen haben, was sich bei uns auch eingeschlichen hat: Karrieristen, Faulpelze, Mitläufer, Bürokraten, Feiglinge, Andersdenkende ... Sie halten sich in unseren Reihen versteckt. Was also erwartest du von diesen – Genossen, deren Prozentsatz, wie mir scheint, nicht einmal allzu gering ist? Lediglich Passivität? Das wäre noch nicht das schlimmste. Es ist oft mehr: Duckmäuserei auch weiterhin, ein Buhlen um Funktionen, weil sie – leider und auch zu meinem Entsetzen – in Erfahrung gebracht haben, daß es sich unter den Bedingungen der Machtausübung mit Kriecherei, Unterwürfigkeit, mit dem Schön-bei-der-Stange-

Bleiben recht gut leben läßt. Sie hoffen nicht nur, nein, sie haben es vorgeführt bekommen, daß sie mit dem Mitgliedsbuch der SED in der Tasche oft größere Chancen haben, in die nächsthöhere Gehaltsstufe aufzusteigen, als einer, der parteilos ist, der zudem vielleicht noch Gedanken entwickelt, die unbequem sind, kritisch und gar einem der oberen Feldherren an dieser oder jener Front mißfallen ... Claus, auch die Mediziner bilden dabei keine Ausnahme, obwohl – ich gebe dir recht – unter ihnen sich manche gewiß für besonders klug halten, wenn sie die Partei hintergehen. Aber finden sie denn nicht auch, durch Traditionen, die nie angetastet wurden, und durch selbstgemachte und geduldete Prätentionen neueren Datums, den Boden dafür bereitet, auf dem eine solche Moral gedeihen kann?«

So hatte Hoff gesprochen. Er bestätigte es später und sagte, Claus Salzbach sei durch ihn wieder aufgerichtet worden. Zwar ergab sich noch diese und jene Frage, doch habe er das Gefühl gehabt, sein Freund sei weniger mutlos, weniger verstört von ihm gegangen. Seinen Auftrag allerdings, ihn zur Räson zu bringen, habe er vorerst, nachdem er ihn gesehen und gehört, nur halb erfüllen können.

Claus Salzbach hatte ihn gefragt: »Und was, Max, soll weiterhin geschehen?«

Hoff antwortete: »Versprechen kann ich dir nichts. Ich werde mein Bestes tun. Nach meiner Ansicht war es bereits ein Fehler, *dich* in die

Schulleitung gehen zu lassen. Das wäre Sache der Bezirksleitung gewesen. Was jedoch deine Haltung betrifft, die – Contenance, darüber steht das letzte Wort noch aus. Vielleicht verlängern wir deinen Urlaub. Ja, Claudias wegen. Du mußt dich um sie kümmern. Aber ... Wenn jetzt Martina noch lebte ... Glaubst du, sie wäre rundum mit dir zufrieden? Ich bin überzeugt, sie würde mit mir einer Meinung sein. Du bist fast dreißig Jahre Mitglied der Partei, uraltes Eisen der Revolution, und hast von Anfang an gewußt, daß Kommunist zu sein *kämpfen* heißt, nicht *resignieren.* Was auch kommt, und mag es noch so hart sein. Die Partei, Claus, sind noch immer wir, solche wie du und ich. Wozu also dein Gehabe? Wem willst du damit an die Gurgel, wenn du mit deinem Austritt drohst? Denen, die ihre Mitgliedschaft mißbrauchen, oder uns, den Genossen, die zu dir halten und deinen Schmerz mit dir teilen? Willst du das Feld den Leisetretern, gar den Karrieristen räumen? Nein, nein, das geht nicht durch. Nicht bei mir, bei keinem. Darauf wollen wir noch eine Antwort von dir haben. Und ich rate dir: Die überleg dir gut.«

Als sie sich trennten, gab er zu Protokoll, habe Claus Salzbach ihn noch umarmt und sich bei ihm bedankt.

Eine Woche verging. Dann wurde auf Anweisung von höherer Stelle erneut eine Kommission gebildet, die die Zustände an der Medizinischen Fachschule und, was man nicht ausschloß, auch darüber hinaus untersuchen sollte. Diesmal unterstand sie direkt der Bezirksleitung, Rainer Junghans erhielt den Auftrag, für sie persönlich die Verantwortung zu übernehmen, obgleich er sich zunächst, wozu er sich allerdings erst später bekannte, nachdem die ersten Ergebnisse ihn eines Besseren belehrt hatten, nicht ohne Skepsis dazu bereit fand. Einbezogen wurden Personen, denen man politische Erfahrung, Konsequenz und Unbestechlichkeit, aber auch Menschenkenntnis und ein gewisses Maß an Toleranz zutraute, so, neben zwei Mitarbeitern von Junghans und dem Parteisekretär der Universität, ein Professor der Pädagogik und eine promovierte Dozentin für Marximus-Leninismus, beide gewählte Mitglieder der Bezirksleitung.

Schon nach wenigen Tagen jedoch, während die Kommission noch über ihre Tätigkeit beriet und sich erst einmal über ihre Kompetenzen klarzuwerden versuchte, ereignete sich ein Zwischenfall, der, da aus anderer Richtung, völlig unerwartet kam. Die Untersuchung begann mit einem Eklat.

Die beiden Letztgenannten nämlich, Professor Beilschmidt, der Pädagoge, und Dr. Gänsel, die Dozentin, ließen sich in weiße Kittel und haarschopfbedeckende Hauben stecken, das alles der Hygiene wegen, denn sie hielten es für ihre Pflicht, sich sachkundig zu machen, was für sie hieß, sich auch einen Einblick in jene Stätten zu verschaffen, an denen die künftigen Absolventinnen der Fachschule, die Krankenschwestern und Hebammen, ausgebildet wurden. Das betraf natürlich zuallererst die Frauenklinik, wobei hinzugefügt werden muß, daß es seit geraumer Zeit über sie Beschwerden gab. Unabhängig voneinander beklagten sich mehrere Frauen in Briefen, darunter auch eine mit klangvollem Namen, sie hätten dort, nachdem sie zu ihr überwiesen worden waren, um sich stationär behandeln zu lassen, vergebens angeklopft und seien ziemlich schroff in andere Krankenhäuser abgeschoben worden, mit der Begründung, die Kapazität der Betten reiche nicht aus. Andererseits wüßten sie jedoch aus sicherer Quelle, daß dies eine Lüge sei.

Marholz weilte noch in Stuttgart, und so wurden Beilschmidt und die Gänsel, nachdem sie sich, relativ kurzfristig, am Morgen angemeldet hatten, am Nachmittag von einer Ärztin empfangen, die sie – nein, Gegenteiliges könnten sie noch immer nicht behaupten – höchst bereitwillig und freundlich durch die verschiedenen Stationen geleitete. Auch, was sich ihnen dann darbot, widersprach den Beschwerden. Die Zimmer waren bis auf den letzten Platz belegt, und hier und dort, wobei es sich offenbar um leichtere Fälle handelte, ruhten einige Patientinnen sogar auf provisorisch zu Krankenbetten hergerichteten Pritschen in den Korridoren. Die Klinik jedenfalls schien überfüllt.

Beilschmidt gab sich zufrieden, denn er war nun überzeugt, daß es mit allem seine Richtigkeit hatte, und drängte seine Begleiterin, sich zu verabschieden. Ihn beengte der Kittel, der für seine Statur mindestens eine Nummer zu klein geschneidert war, mehr noch die Verschnürung um seinen stattlichen Bauch, deren Bänder sich nicht einmal mit einer Schleife, sondern nur nach heftigem Zerren seitens der beiden Frauen mit einem Knoten in seinem Rücken hatten befestigen lassen. Das dämmte ihm den Atem ab, und überdies tat die Wärme in den Räumen für die Schwangeren und die Neugeborenen ihr übriges. Er schwitzte erbärmlich, und er lechzte nach frischer, kühlender Luft.

Dr. Gänsel hingegen, da sie regelmäßig wöchentlich die Sauna aufsuchte, war an solche Temperaturen gewöhnt, die Hitze trocknete nicht ihren Spürsinn aus. Und da, just in dem Moment, als der Professor sie zu gehen bat, erhaschten ihre ständig umherspähenden Augen zwei Füße mit wunderhübsch rot lackierten Zehennägeln, die in schwarzen, von Netzmustern allerliebst durchwirkten Damenstrümpfen steckten und, wie sie nun sah, indem sie ihre verdutzten Blicke höher gleiten ließ, zu einer jungen Frau mit geschminkten Lippen gehörten, die wiederum zu einem Bett, unter dessen Decke es ihr offenbar ebenfalls zu warm geworden war.

Mutter von drei Kindern, doch nicht nur ihretwegen, hatte sie selber schon verschiedentlich in Krankenhäusern zugebracht, kannte daher deren Sitten, wußte, daß man sich solcherart bekleidet wohl kaum unter die Argusaugen zumindest der

Drachen von Stationsschwestern wagen durfte, und wandte sich demzufolge an die Ärztin mit der verwunderten Frage, was das zu bedeuten habe, sie im Kittel, streng nach Vorschrift wegen der Hygiene, dagegen hier, diese Patientin, sogar im Bett, sozusagen im Partylook. Die Ärztin war mit ihrer Antwort keineswegs verlegen, schüttelte den Kopf. Ja, das sei wirklich ein bißchen zu viel. Denn obzwar sie sich freilich stets mühten, eine moderne Klinik zu sein, in jeder Hinsicht aufgeschlossen, nach dem Prinzip, der Kunde sei König, was heißen will, die Patientinnen sollten sich hier wie zu Hause fühlen, so müsse es doch nicht gleich wie in der Disko zugehn.

Das war deutlich an die junge Frau im Bett gerichtet, die sich dann auch sofort unter die Decke verkroch und nach einigem Freiübungen gleichenden Gestrampel ihre Strumpfhose zutage förderte. Daraufhin schien Dr. Gänsel beruhigt.

Aufgeklärt wurden sie und Beilschmidt jedoch erst, als sie sich bereits im Fahrstuhl befanden und die Klinik verlassen wollten. Ein Assistenzarzt war ihnen gefolgt. »Ich bin Genosse«, sagte er, »und bitte, verpfeifen Sie mich nicht. Doch so was stinkt mich an. Wir haben tatsächlich eine Menge freier Betten, und zwar nicht nur als Reserve. Ihre Visite aber kam so überraschend, daß kurzerhand alle verfügbaren Schwestern aus der Frühschicht und Fachschülerinnen hineingelegt wurden. Elvira . . .«, und nun durchzuckte ein Lächeln seinen Vollbart, »die mit der Strumpfhose, meine ich, gehörte ebenfalls dazu. In der Eile muß sie vergessen haben, sie auszuziehen und sich abzuschminken . . .«

Später, nach den Beweggründen für dieses Täuschungsmanöver gefragt, übten die Ärzte zwar Selbstkritik, doch sah sie so aus: Gewiß, es sei nicht gerade die feine englische Art gewesen, der Partei ein falsches Bild, ein Potjomkinsches Dorf vorgaukeln zu wollen. Aber ihre Aufgabe als Angehörige nicht etwa irgendeines Landambulatoriums, sondern einer *Universitäts*klinik bleibe trotzdem, Forschung zu betreiben, woran jede Überbelastung, auch die der Bettenkapazität, sie nur hindern würde.

Als Junghans davon erfuhr, war es für ihn der Paukenschlag, die Entscheidung, sich nunmehr mit aller Rigorosität der Untersuchung zu widmen, denn eine solche Hinterhältigkeit, wie er es nannte, hatte er selbstredend nie vermutet.

»Frechheit«, schnaufte er in sich hinein. »Wer hat denn je gefordert, die Klinik so vollzustopfen, daß die Herren Ärzte keine Hand mehr für die Forschung rühren können. Da muß noch mehr dahinterstecken . . .« Laut sagte er: »Also, Genossen, behalten wir's im Auge. Doch jetzt schön der Reihe nach. Angefangen wird mit der Fachschule, und zwar beim Hebammenseminar des dritten Studienjahres.«

Die Kommission verteilte die Aufgaben unter sich. Dr. Gänsel erhob sofort Anspruch darauf, gemeinsam mit dem Parteisekretär der Universität die Studentinnen zu befragen, einzeln und in

Gruppen. Professor Beilschmidt übernahm es, mit den Dozenten zu sprechen, auch mit jenen, die erst vor kurzem gekündigt hatten. Dafür, sagte er, sei ihm kein Weg zu weit, denn es gäbe da einen Mann, der an der Fachschule über Jahre Anatomie und Physiologie gelehrt habe, und zwar mit hoher Qualität, wie man höre, jetzt jedoch an der Universität in Leipzig unterrichte, ein gewisser Dr. Hart, und über ihn sei ihm so manches zu Ohren gekommen.

Rainer Junghans nickte. »Und das eine ist klar, Genossen. Wir gehen stets zu zweit, damit, wenn es ernst wird, nicht Aussage gegen Aussage steht, uns später niemand austricksen kann.«

Der zentrale Punkt jedoch, um den sich alles drehte, die Schlüsselfigur, war und blieb die Genossin Baumholder, die Leiterin der »Abteilung für pflegerische Berufe«, wie es amtlich hieß, diejenige also, der die Ausbildung der Schülerinnen zu Krankenschwestern und Hebammen unterstand. Sie aber war vorerst nicht zu erreichen, man mußte auf ihre Krankheit Rücksicht nehmen, denn sie befand sich noch immer in Behandlung der Neurologischen Klinik, unter den Fittichen von Dr. Brinkmann, und die lehnte entschieden jede Aussprache mit ihr ab, sie würde es nervlich nicht verkraften. Bald darauf, nachdem sich die Kommission nun in die Fachschule eingenistet hatte und schon die ersten Gerüchte über ihre Arbeit kursierten, ergab sich für sie erneut ein Hindernis. Die Genossin Baumholder wandte sich mit einem Schreiben an den Rektor der Universität und bat, aus gesundheitlichen Gründen, um ihre Entlassung.

Sie tritt die Flucht nach vorn an, dachte Junghans, inzwischen mißtrauisch geworden. Sie drückt sich, kneift, sie heuchelt ...

Trotzdem, je ergiebiger die Untersuchungen wurden und sich die Fragen nach den Ursachen der bereits von Claus Salzbach als stickig empfundenen Atmosphäre an der Medizinischen Fachschule häuften, desto mehr lag es nun im Ermessen der Parteikontrollkommission der Bezirksleitung, sich mit der Genossin Baumholder zu unterhalten. Doch auch das konnte erst nach ihrer Genesung geschehen, und die zog sich hin bis weit in den Winter.

Dann aber: Was für ein Mensch war sie wirklich, und welche Entwicklung hatte sie genommen?

Ein ganz normaler Fall, sagte der Vorsitzende. So, wie er sich alle Tage und zu Tausenden in der Partei zuträgt. Er jedenfalls wisse sein Leid darüber zu klagen.

Viel zu früh – und zu leicht, zu glatt – war sie Mitglied geworden. Das stand erst einmal außer Zweifel. Sie stammte, was nicht als Makel, sondern allein der Vollständigkeit halber vermerkt werden soll, aus einer kleinbürgerlichen Familie. Ihr Vater, ihr Großvater und vielleicht auch schon der Urgroßvater, politisch niemals aktiv, sind zu allen Zeiten treuliche Staatsdiener gewesen, Postbeamte dort unten in einer Kleinstadt mitten im Spreewald, wo noch der Cottbuser

Postkutschkasten geputzt wird. Fleißig, ein achtbares Abitur, dennoch nicht zum Medizinstudium zugelassen, Krankenschwester geworden. Als solche qualifizierte sie sich nachträglich zur Hebamme, arbeitete da bereits in der Universitätsklinik von W., wo sie sich schließlich 1968, mit fünfundzwanzig Jahren, als Kandidat für die Partei bewarb. Die beiden Bürgen, die ihren Antrag befürworteten, waren ein Genosse aus ihrem Heimatort, über den man sich näher kein Bild machen könne, und ein Arzt, der jedoch schon vor längerem das Weite gesucht, sich nach dem Westen abgesetzt habe. Gewiß, dafür könne man der Genossin Baumholder auch nicht den geringsten Teil einer Schuld zuweisen, aber immerhin werfe es ein bezeichnendes Licht auf die Umgebung, in der sie ihren Entschluß faßte. Besagter Arzt nämlich kämpfte noch bis kurz vor seinem Abgang mit gewaltigem Fahnenschwenken um den Titel eines Kollektivs der sozialistischen Arbeit für seine Station, wobei er offenbar glaubte, daß es ihm Pluspunkte und damit verbunden eine höhere Prämie einbringen würde, wenn er auch Mitglieder für die Gesellschaft der deutsch-sowjetischen Freundschaft, den Demokratischen Frauenbund und die – Partei gewänne. Mein Gott, ja, das hört sich an, als sei sie das Opfer von Kopfgeldjägern geworden. Für seine Entscheidung jedoch, seine eigene Aufrichtigkeit und Überzeugung, ist wohl jeder selber verantwortlich. Danach, sagte der Vorsitzende, die übliche Karriere, keineswegs im Sauseschritt, eher gemächlich, durchschnittlich, die allerdings noch nicht geendet hätte, denn schon stand ihre Berufung zur Direktorin der Fachschule zur Debatte ...

Dr. Gänsel, sich voll ereifernd, mit all dem Engagement der Dozentin für Marxismus-Leninismus, wußte von anderen, doch nicht weniger aufschlußreichen Dingen zu berichten. Von den achtzehn Studentinnen in Claudia Salzbachs Seminargruppe wollten neun – also die Hälfte!, Genossen – nach dem Examen, sofern sie es im Frühjahr überhaupt bestünden, nicht mehr den Beruf einer Hebamme ausüben. Die eine hatte bereits eine Anstellung in einem Salon für Hundekosmetik in Aussicht, eine andere gedachte mit ihrem Freund eine Reparaturwerkstatt für Spielzeuge zu eröffnen, eine dritte wollte heiraten und sich nur schlicht eine Menge Kinder anschaffen. Mit viel Überredungskunst, erst nach mehreren Gesprächen, in denen sie um das Vertrauen der jungen Frauen wie deren leibliche Mutter gerungen habe, sei es ihr gelungen, ihnen dieses Geständnis zu entlocken. Anfangs hatten sie geschwiegen, sich gesperrt, seltsam eingeschüchtert, da sie nicht hätten wissen können, wie die meisten erklärten, wohin sich das alles bewege. Dann packten sie aus.

Hebamme zu sein, Leben zur Welt zu bringen, doch, das sei einmal ihr Wunschtraum gewesen, aber die Ausbildung in den zurückliegenden zweieinhalb Jahren, nicht deren Strenge, nein, sondern die Kälte und Herzlosigkeit in den Beziehungen von Mensch zu Mensch während dieser Zeit – das habe sie gründlich ernüchtert, ihnen die Freude verdorben und sie zur Abkehr bewogen. Larissa zum Beispiel, sie erhielt etliche Vieren, sowohl von Frau Baumholder als auch bei ihrer letzten Prüfung im Kreißsaal der alten Klinik, jener in der Liebknechtstraße, und zwar mit der Bemerkung, wie sie hintenherum erfuhr, daß sie selber daran schuld sei, denn was lasse sie sich auch ständig mit der Salzbach ein und unterstütze sie in ihrer Opposition. Heike vom zweiten Studienjahr zittere noch jetzt, wenn sie daran denkt, wie Claudia ihretwegen gemaßregelt wurde. Evi, die einst die Ohrfeigen bezog, schäme sich, weil sie nicht selber gegen diese Behandlung protestierte, sondern es Claudia überließ. Ja, sagte Anette, die zuvor vier Semester Medizin studiert hatte und dann, nach einer erzwungenen Pause durch längere Krankheit, in die Fachschule übergewechselt war, ich habe mit meinen Eltern gesprochen, beide Kommunisten, die ich verehre und die es immer noch gern sähen, träte ich in die Partei ein. Nein, habe ich ihnen geantwortet, ich erhalte ja täglich Anschauungsunterricht, erlebe, wie es Claudia Salzbach ergeht. Ihren Mut besitze ich nicht. Sie wird – und mein Vater will es nicht glauben – von ihren eigenen Genossen schikaniert, nur weil sie kritisch ist, von der Baumholder, weil sie aufstand und, zum Beispiel, als Evi geohrfeigt wurde, eine Aussprache forderte, zwischen uns, der Seminargruppe, und den Erzieherinnen, Mentorinnen, oder wie immer sie sonst sich nennen, im Kreißsaal. Das geschah übrigens nie, und ich begreife ohnehin nicht, sagte Anette, warum eine wie Claudia, die einzige Genossin unter uns, nicht wenigstens im zweiten Studienjahr in die FDJ-Leitung gewählt wurde. Viele von uns, auch aus anderen Fachrichtungen, setzten sich für sie ein, doch wir wurden gar nicht gehört. Frau Baumholder, habe ich den Verdacht, verhinderte es. Und statt dessen, entschuldigen Sie, Frau Doktor, blieb alles beim alten Trott. Die FDJ-Leitung besteht in der Mehrheit aus Kreuzchenträgern, womit ich niemanden diffamieren will, der es ehrlich mit seiner Religion meint. Hier, bitte, fragen Sie Hanna. Sie kennt mich und kann es bestätigen ... Sie, die Tochter eines evangelischen Pfarrers, habe daraufhin ein weit bissigeres Urteil gefällt. Glauben und Glauben sei immer noch zweierlei. Entweder man trägt ihn in sich oder nur äußerlich, wie ein Kleidungsstück nach der neusten Mode. Letzterer sei es, den auch sie verabscheue. Somit auch jene, die unter dem Deckmantel, Christen zu sein, kein Hehl daraus machen, daß sie sich weniger in der Republik zu Hause fühlen als vielmehr in der Kirche mit dem größten Langschiff der Welt: Durch die Hintertür der Zionsgemeinde in Berlin schlüpft man hinein, und im Aufnahmelager in Gießen kommt man durchs Hauptportal wieder heraus. Ein frischer Wind, ein Gerechtigkeitssinn, wie er von Claudia ausgeht, hätte uns wohlgetan. Doch die

Schulleitung, verzeihen Sie auch mir, liebt über alles ihre Kratzfüße ...

Halt, halt, ich ersticke, rief Marianne Gänsel. Und warum, fragte sie, haben Sie beide das alles nicht schon früher gesagt?

Ganz einfach, Frau Doktor, entgegnete wieder Anette, weil ich nicht auch meine Prüfung mit Vier bestehen oder gar durchfallen will. Einmal hab ich's versucht, hab sogar Unterschriften gesammelt, weil uns Frau Baumholder trotz mehrmaliger Bitten monatelang unsere Hefter nicht zurückgab. Was denken denn Sie ... Ich bekam es sofort zu spüren. Und außerdem, wer hätte uns vor Ihnen schon so viel Vertrauen geschenkt wie Sie? Selbst wenn wir Claudia einen Krankenbesuch abstatten – und die Schulleitung, sogar ihre Partei haben sich ja bis heute dazu nicht bequemt –, müssen wir uns heimlich zu ihr hinschleichen.

Dr. Eugen Hart, dessen Aussage, wie von Professor Beilschmidt bestätigt, wörtlich vorliegt, gab an: Vor der Baumholder (sie als Genossin zu bezeichnen widerstrebt mir) war ich der Leiter der Abteilung für pflegerische Berufe an der Medizinischen Fachschule. Ein böses Leiden mit Magengeschwüren, dem Verdacht sogar auf Krebs, zwang mich, aus meinem Amt zu scheiden. Sie wurde als meine Nachfolgerin eingesetzt, und sie kostete dann auch ihre Funktion – wie soll ich es sagen – mit allem Machtgenuß aus. Ich hingegen, nachdem ich weiterarbeiten durfte, mit der Planstelle eines Dozenten, konnte von Anfang an nicht ihre Methoden billigen. Viel zu sehr hing mein Herz noch an der Schule, und ich sah ja, die Baumholder war geradezu von Herrschsucht besessen. Alles, was ich versucht hatte aufzubauen, wurde von ihr in Zweifel gezogen, nicht etwa, weil es von Fehlern behaftet gewesen wäre, nein, allein deswegen, weil es meinen Ideen entsprungen war und sie in mir nach wie vor einen Konkurrenten vermutete. Vertrauensverhältnis, mein lieber Genosse Beilschmidt, gar zu Studentinnen? Sie sind Lernende, hieß es, gerade dem Schulalter entwachsene Mädchen, was bringen denn die schon an Lebenserfahrung mit! Also haben sie sich zu fügen, und wem das nicht paßt, und wer nicht bienenfleißig seine Aufgaben erfüllt, der fliegt. Liberalismus, warf sie mir vor, sei unter meiner Leitung eingerissen. Der Sozialismus jedoch brauche Menschen, die hart gegen sich selbst sind (und unausgesprochen meinte sie wohl auch: gegen andere), nur die Leistung zählt, und die würde abgerechnet mit Zensuren. Ja, es stimmt, ich habe sie vor den Studentinnen *Fürstin* genannt. Sobald sie sich um Rat an mich wandten, winkte ich ab und sagte: Geht doch zu eurer Fürstin, die weiß sowieso alles besser. Das muß ihr zu Ohren gekommen sein – sie hat ja ihre Zuträger –, und seitdem begann sie mich zu bespitzeln. Sie horchte an den Klassentüren, wenn ich unterrichtete. Sie intrigierte gegen mich im Kollegium. Aber was rede ich ... Das betraf ja auch andere Lehrkräfte. Diese fragt selbst, Genossen. Bei den Studentinnen aber, wenn sie sie nicht gerade fürchteten, machte sie sich lächerlich. Ihre Praxis als Hebamme lag so weit zurück, daß sie, da sie ihr Wissen in Geburtshilfe noch immer nach dem Stand der Erkenntnisse von damals vermitteln zu können glaubte, auch fachlich versagte. Noch weit fataler: Sogar die Binsenweisheiten muß sie vergessen haben. Und die Klasse merkte es doch! Sie stellte ihr Fangfragen. Wie verhält sich denn nun die Quecksilbersäule, wenn man beim Messen der Temperatur unter der Achsel eben nicht wie gefordert vorher den Schweiß abwischt. Zeigt das Thermometer dann zehntel Grade zu hoch oder zu niedrig an? Das, so drückte sie sich um eine klare Auskunft, probieren Sie bitte mal selbst aus. Wie denn, es ist praktisch kaum machbar, jedenfalls nicht bei Patientinnen im Kreißsaal, deren Temperatur von Minute zu Minute schwanken kann. Dabei weiß aber doch jeder Mensch, der einigermaßen Ahnung von Physiologie hat, auch nur von Physik – und schließlich fällt die in ihr Gebiet, denn sie lehrt Medizintechnik –, daß Schweiß für Kühlung sorgt. Nein, nein. Schaumschlägerei politischer Art, um damit ihrer Disqualifikation als Pädagogin zu entgehen, das ist alles, wessen sie noch fähig ist. Und das Schlimmste daran: Sie hat bis hoch oben damit Erfolg . . . Was aber Claudia Salzbach betrifft . . . Natürlich erhielt ich auch davon Kenntnis. Ich habe sie geschätzt, obwohl sie in meinem Fach, Anatomie und Physiologie, im Gegensatz zu anderen, nicht einmal glänzte. Eine gute Genossin. Offen, ehrlich, und was sie auch immer sagte, es war durchdacht, und sie stand zu jedem ihrer Worte. Doch genau solche Charaktere sind der Baumholder ein Greuel. Sie verwechselt Aufrichtigkeit mit Querulanz. Und so hätte sie wohl auch mich gern gezwungen, ihr einen Denkzettel zu verpassen, in Form einer Zensur, die sie nicht verdiente. Ich verdarb ihr das Konzept, indem ich Claudia um eine Note besser bewertete, mit einer Zwei. Nein, ich empfand dabei keine Skrupel, denn die Fürstin tat ja noch mehr als nur das Gegenteil. Sie ließ sogar Studentinnen, die ihr aus irgendeinem Grunde nicht schmeckten, durch die Prüfungen rasseln. Außerdem trug ich mich ohnehin schon mit dem Gedanken zu kündigen. Die Dame hätte mich sonst fertiggemacht ...

Vor der Parteikontrollkommission wirkte Brigitte Baumholder zerknirscht, mehr noch, sie benahm sich fast unterwürfig, versuchte mit keinem Wort sich zu rechtfertigen, zeigte in allem Reue. Anderes, sagte der Vorsitzende, habe er auch nicht von ihr erwartet, denn was sie bisher sowohl von Mitarbeitern und Kollegen als auch von Schülerinnen verlangt hatte, das besorgte sie nun selbst: Asche aufs Haupt streuen, in der Hoffnung, so am glimpflichsten davonzukommen. In seinen Augen sei sie ein armes Würstchen, und beinahe habe sie ihm leid getan, zumal, nachdem er einiges aus ihrem Leben erfahren habe, was zwar für ihre politische Beurteilung keine entscheidende Rolle spiele, jedoch das Bild von ihr als Mensch abrunde. Zwei Affären habe es da gegeben, mit Männern, die verheiratet waren. Der eine ein Arzt, und mit dem Ziel, sich wie andere ihresgleichen einen Akademiker zu angeln, sei sie wohl schon angetreten, kaum daß sie als Krankenschwester ausgelernt hatte. Nachdem ihr dieser Fischzug mißglückt war, hängte sie sich an einen Mathematikprofessor. Die Partei, so geht aus den Kaderakten hervor, erfuhr davon jeweils durch deren Ehefrauen, und im letzteren Fall kam es sogar zu einem Skandal. Brigitte Baumholder wohnte damals noch unterm Dach der alten Klinik in der Liebknechtstraße, wo die Universität ein paar Zimmer für ledige Angehörige ihres medizinischen Personals zur Verfügung hielt. Dort hinein stürmte plötzlich die Frau des Rechenmeisters, erwischte die beiden im schönsten Tête-à-tête, verprügelte ihre Nebenbuhlerin und jagte sie, weshalb es nicht unbemerkt blieb, im Flatterhemd durch den Korridor. Zugegeben, das sei ihr als Jugendsünde geschenkt. Was aber Brigitte Baumholder bis heute noch Schmerzen bereitet: Sie hat selbst keine Kinder, und das – wolle man Tiefenpsychologie betreiben – ist wohl auch jener Umstand, den sie keiner Mutter, sei sie nun als Kollegin oder Studentin ihr unterstellt, verzeiht. Sie setzte alles daran, sich anderweitig bestätigt zu finden, legte allen Ehrgeiz in ihre berufliche Entwicklung, und der stieg ins Unermeßliche. So konnte sie schon die geringste Kleinigkeit, durch die sie ihre Autorität gefährdet sah, in Rage bringen, was sich dann auf die merkwürdigste Weise äußerte. Nur so ist auch die Abneigung zu erklären, die sie gegenüber Claudia Salzbach empfand, denn nach Brigitte Baumholders Version war sie ohne ihre ausdrückliche Genehmigung, allein mit Hilfe ihres Vaters, zum Studium als Hebamme zugelassen worden, eines Berufs, der bekanntlich mehr Bewerberinnen hat als Plätze. Daß ihre Kontrahentin dann auch noch als Genossin auftrat und den Mund nicht hielt, machte alles nur schlimmer.

So standen die Dinge Ende des Winters. Brigitte Baumholders Bitte um Entlassung wurde nicht stattgegeben. Man löste sie ab, und das ist natürlich ein Unterschied. Ob allerdings ihre Selbstkritik ehrlich gemeint war oder geheuchelt und inwieweit sie sich schon wieder neuer Intrigen bedient, läßt sich nicht mehr verfolgen. Sie ging zurück in ihre Heimatstadt, in den Spreewald, und nahm dort entsprechend ihrer Ausbildung eine Tätigkeit auf. Auch der Direktor und die Parteisekretärin der Schule, mit deren Duldung all diese Mißstände hatten einreißen können, die Prinzipien der sozialistischen Moral in der Erziehung junger Menschen – so die Begründung – arge Schäden erlitten, wurden ihrer Funktionen entbunden. Frau Huldig, die leitende Hebamme, schwor ebenfalls bessere Einsicht. Sie kenne Brigitte Baumholder schon seit der Zeit ihrer gemeinsamen Arbeit im Kreißsaal und habe ihr daher vertraut, gewiß allzu leichtfertig. Aber sie habe nicht ahnen können, daß sie von ihr über Frau Salzbach völlig falsch unterrichtet worden sei, und wolle daher ihren Fehler korrigieren, indem sie ihr helfe, die Abschlußprüfung bestens zu bestehen. Sie blieb in ihrer Stellung.

Die Untersuchungen aber dauerten noch an. Indessen dehnten sie sich auf den gesamten Bereich Medizin aus.

Also ging alles noch einmal gut. Die Gerechtigkeit, will es scheinen, nahm ihren Lauf...

Claus Salzbach aber war nicht mehr bereit, Auskunft zu geben. Das einzige, worüber er außerhalb seines engen Familienkreises noch sprach, und auch das nur mit Ärzten und Psychologen, war die Verfassung Claudias. Er blieb bei ihr, lehnte es ab, sich von ihr zu trennen, und so war auch die Entscheidung über seinen weiteren Einsatz im diplomatischen Dienst längst gefallen. Er kehrte nicht nach Paris, in das Hauptquartier der Unesco, zurück. Vielleicht würde er eines Tages eine Hochschuldozentur übernehmen, wobei die Schwierigkeit darin bestand, daß es an der Universität in W. keinen Lehrstuhl für internationale Beziehungen gab.

Manchmal erschien ihm seine Tochter wie eine Traumwandlerin. Sie irrte umher, geistesabwesend, doch kam die Reihe an gewisse Handlungen aus Gewohnheit, erledigte sie sie äußerst korrekt, in logischer Folge, mit einer geradezu mechanischen Sicherheit, so etwa, wenn sie sich kleidete, den Tisch deckte, im Garten die Blumenbeete für den Winter herrichtete oder ihren

Sohn in die Badewanne steckte und wusch. Ein andermal fühlte er sich, als führte er eine Blinde. Er mußte sich dicht an ihrer Seite halten, sie bei den Händen greifen, ihr beruhigend zureden und auf jede ihrer Bewegungen achten, auf ihre Schritte, damit sie nicht stürzte und sich womöglich verletzte.

Aber sie hatte ja noch – nein!, über die weitaus längsten Strecken im Verlaufe eines Tages – ihre lichten Momente und war sich dann selbst ihrer Lage bewußt. Dann arbeitete ihr Geist sogar besonders scharf, ihre Worte hörten sich an, als sei sie durchweg bei wachem Verstande, und ihr Gedankenflug kannte keine Grenzen.

Sie wohnten nun bei seinen Schwiegereltern. Im Neubauviertel von W., in Claudias zweieinhalb Zimmern, wäre sich Claus beengt vorgekommen. Hier dagegen, in Wellaune, konnten sie die Umgebung, wie von den Ärzten empfohlen, zu ausgedehnten Spaziergängen nutzen. Es war noch im milden November. Am Wegrain der Felder und in den Wiesen hinab zur Mulde blühten noch Schafgarbe und Bärenklau, gelb das Johanniskraut und der Löwenzahn, blau auch noch Kornblumen, im Garten hinter dem Haus neben Winterastern die letzten Rosen.

Über Nacht, obwohl man schon lange damit gerechnet hatte, brach plötzlich der Frost herein. Die Rosen, manche mit Knospen, die sich soeben erst hatten entfalten wollen, ließen kopfüber mit eingeschrumpften Kelchblättern ihre Blüten hängen. Ihr Rot, gestern noch leuchtend, nahm eine schwärzliche Farbe an. Der eisige Hauch des Vergehens hatte sie gestreift, die unwiderrufliche Botschaft des Sterbens.

Claudias Augen weiteten sich, als sie am Morgen die vom Frost geknickten Blüten sah, und über ihre Züge glitt ein heftiges Erschrecken.

»Mir ist so kalt«, sagte sie und verkroch sich wärmesuchend in ihren Pullover aus weicher Wolle, zog dessen Rollkragen bis übers Kinn und verbarg ihr Gesicht, indem sie die Hände hinter dem Kopf ineinanderlegte, zwischen den Fledermausärmeln. »Warum haben wir sie nicht gerettet, gestern, als noch Zeit war? Wenigstens hätten wir sie in eine Vase mit Wasser stellen können ...« Doch sofort widersprach sie sich. »Was aber wäre damit schon gebessert gewesen ... Wir hätten uns an ihrem Anblick ergötzt, doch ihr Dahinsiechen nur verlängert. Ach, Vati. Wir sind nicht anders als diese Geschöpfe. Vergänglich, sobald uns der Frost rührt. Also sollten wir fressen, saufen und huren, solange es möglich ist, unsere Ellenbogen gebrauchen und all unsere Verschlagenheit, um die anderen neben uns zu überleben ...« Sie starrte in eine weite Ferne. »Die Partei? Sie interessiert mich nicht mehr. Was für einen Sinn hat sie noch. Unsere kommunistischen Ideale werden erst dann so weit gediehen sein, daß sie sich würden verwirklichen lassen, wenn die Sterne verglühen und das Weltall eingeäschert wird ...«

Claus war bis ins Innerste getroffen, so daß er sich nicht einmal zu einer Entgegnung aufraffte.

Ja, was hatte es für einen Sinn! Ihren unendlichen Pessimismus würde er nicht mit nur ein paar Worten ausräumen. Dazu bedurfte es einer Antwort, die ebenso lange würde währen müssen wie die Jahre und Monate, in denen Claudia geschunden worden war.

Unwillkürlich erinnerte ihn jetzt die Situation an seinen Gang mit ihr durch den Park. Doch da war es ein Tag im Altweibersommer gewesen, mit wunderbar blauem Himmel und strahlender Sonne. Es hatte sich angedeutet, ja, was sich nun immer tiefer in sie hineinfraß, sich in ihr zu verfestigen schien. Doch daß es so kommen würde, nur innerhalb weniger Wochen, er hatte es nicht geglaubt. Die Hoffnung war ihm geblieben. Und gab er sie jetzt denn auf? Trat er nicht immer noch an, um Claudia zu schützen, wenngleich jetzt vor einem viel stärkeren Feind, vor ihrer Krankheit?

Die Untersuchungen hatten zu diesem Zeitpunkt die Neurologische Klinik noch nicht erreicht, und er wehrte sich daher, seine Tochter weiterhin dort den unter sich eng verfilzten Medizinern zu überlassen, sie gar der Behandlung von Dr. Brinkmann auszuliefern, diesem Mannweib. Später erfuhr er, daß sich dort eine Clique zusammengefunden hatte, die unter dem Vorwand christlicher Nächstenliebe Seelenmassage betrieb, an Künstlern und sogar an diesem und jenem Funktionär, und sich eigentlich nur in dem einen Punkt einig war, ihren Direktor, der der Partei angehörte, zu stürzen.

So vertraute er Claudia den Ärzten des Kreiskrankenhauses in H. an, wo auch die Keramischen Werke lagen und deren Patient bereits Albert Dennewitz war. Durch ihre Nähe zu den Menschen, gewahrte er bald, unterschieden sie sich wohltuend von ihren Kollegen, die er bisher an der Universität kennengelernt hatte. Mehr als jene der Theorie, so daß früher oder später wohl jeder Kranke für sie ein anonymes Versuchsobjekt für die Wissenschaft wurde, folgten diese der Praxis, was für sie hieß, sich von der Ganzheit des Menschen, auch von seinen Lebensumständen und intellektuellen Erwartungen, ein Bild zu formen.

Claudia mochte ähnlich von ihnen denken. Sie verlor alle Scheu und fühlte sich in ihrer Gegenwart offenbar am besten aufgehoben. Sie konnte dann sogar lächeln und glich in ihrer äußeren Erscheinung wieder dem schönen und frischen Mädchen, das noch keine der späteren Enttäuschungen und seelischen Qualen hatte erdulden müssen. In ihren hellgrauen, hautengen Jeans und dem sattgrünen, locker sitzenden Pullover mit Fledermausärmeln, über dessen Rollkragen ihr dunkles, welliges Haar fiel, mit ihrem offenen Gesicht und dem klaren Blick ihrer graugrünen Augen wirkte sie auch auf die Ärzte, wie sie versicherten, ungemein anziehend und gesund.

Einmal wurde Claus Salzbach Zeuge eines Disputs, in den sie sich mit einem von ihnen, einem Psychologen, einließ, und er wunderte sich, woher sie ihre Kenntnisse nahm.

»Es ist kein Zufall«, hörte er sie sagen, »daß gerade von dieser Universität die deutsche Aufklärung ausging, von einem ihrer führenden Vertreter mit Schriften gegen die Hexenprozesse und Foltern. Denn hier, in der unmittelbaren Nachbarschaft von W., wurden noch bis weit in die Neuzeit hinein, sechzehnhundertundzweiundachtzig, Menschen bei lebendigem Leibe verbrannt. Und raten Sie mal, wer das letzte Opfer war? Der Chronik zufolge eine Ammfrau, eine Hebamme also. Nach dem damals noch herrschenden Aberglauben, verteufelt jedoch unzweifelhaft auch durch die Männerwelt, die für sich alle Wissenschaft allein pachten wollte, galt sie, die sowohl bei Geburten half als auch bei Abtreibungen, als ein Wesen im Bunde mit Satan. Die Naturheilkunde, aus der sie ihr Wissen bezog, war es, die den Herren Gelehrten, Magistres und Professores, nicht schmeckte, und so machten sie sich gern gegen Bezahlung zu Denunzianten für die Richter und Henker. Und wie steht es heute damit? An der Universität in W.? Nur ein kritisches Wort, eine anders gedachte Meinung als die gewünschte, und Sie enden auf dem Scheiterhaufen. Die Aufklärung, hier hätte sie Grund, noch einmal von vorn zu beginnen . . .«

Aber das äußere Bild von ihr trog. Wieder zu Haus, sah Claus Salzbach seine Tochter in Grübeleien versinken. Nicht selten geschah es, daß sie noch lange am Morgen im Bett liegen blieb, und auch tagsüber verhielt sie sich zunehmend apathischer. Schon mußte er auf seine Spaziergänge mit ihr verzichten, und in der Gaststätte des Dorfes, dem Kohlhasenkrug, wo sie danach oft eingekehrt waren, fragte man bereits vergebens nach ihnen.

Albert und Dora erzählten davon, unterbrochen von ihr immer wieder mit verzagtem Schluchzen, von ihm mit Pausen, in denen er sich zu sammeln, seine Fassung zurückzugewinnen versuchte. Auch Jens, der Junge, spürte, welche Veränderung mit seiner Mutter vor sich gegangen war. Er schrie nach ihr, und sie umarmte ihn dann nur stumm, als sei ihr entfallen, wie sie ihm sonst ihre Liebe hätte bezeugen sollen.

Manchmal rieten bereits die Ärzte, sie in ein Heim einzuweisen, wo sie sie ständig unter Beobachtung hätten. Aber Claus Salzbach, aus Furcht, sie dann endgültig zu verlieren, konnte sich dazu noch nicht entschließen.

Und so schien Claudia dahinzudämmern. Und ob sie je wieder genesen würde – man wußte es nicht.

Die Handlung und die Personen,
ausgenommen jene in Nikaragua, sind erfunden,
die Fakten jederzeit belegbar,
ihre Deutung allein Sache des Autors.

E. N.